柳树通典

余秋雨题

郴州通典

文献精选

郴州市文史研究会
《郴州通典》编辑部 主编

国家图书馆出版社

图书在版编目（CIP）数据

郴州通典.文献精选/郴州市文史研究会,《郴州通典》编辑部主编.—北京：国家图书馆出版社，2020.12（2021.6 重印）

ISBN 978-7-5013-7213-3

Ⅰ.①郴… Ⅱ.①郴…②郴… Ⅲ.①古籍—汇编—郴州 Ⅳ.①Z122.643

中国版本图书馆 CIP 数据核字（2020）第 262405 号

国家图书馆出版社
官方微信

书　　名	郴州通典·文献精选
著　　者	郴州市文史研究会 《郴州通典》编辑部　主编
项目统筹	殷梦霞
责任编辑	张爱芳　黄　静
封面设计	翁　涌
出版发行	国家图书馆出版社（北京市西城区文津街 7 号　100034） （原书目文献出版社　北京图书馆出版社） 010-66114536　63802249　nlcpress@nlc.cn（邮购）
网　　址	http：//www.nlcpress.com
印　　装	北京科信印刷有限公司
版次印次	2020 年 12 月第 1 版　2021 年 6 月第 2 次印刷
开　　本	787 × 1092（毫米） 1/16
印　　张	17.75
字　　数	246 千字
书　　号	ISBN 978-7-5013-7213-3
定　　价	128.00 元

《郴州通典》编纂出版指导小组

总顾问：

刘志仁

组　长：

李　评

副组长：

贺建湘　欧阳建华　王　东　雷晓达

成　员：

杨赛保　龙齐阳　陈　剑　陈文军　袁寿红　黎新民　王琼华　马治平

《郴州通典》编辑部

总　纂：

雷晓达

副总纂：

马治平　曹知法　吴　兴　曾广高　刘专可

编　辑：

尹友波　肖芝灵　李靓才　傅平艳　何国庭　薛章东　李　星

特聘专家：

李文才　梁瑞郴　李沥青　雷纯勇　苏家澍　郭垂辉　陈第雄　周志强

雷晓宁　邓振明　张伟然　谢武经

特约文史研究员：

陈　岳　冯志国　姜贻伟　张家文　邓存健　王硕男　周新华　李映山

李鹤林　黄元强　唐孝辉　蒋瑞祥　张式成　段移生　何　琦

前言

『郴』字独属郴州。郴者，『林邑』之谓也。

郴州历史悠久。始祖炎帝播五谷、尝百草、工耒耜的遗迹仍在，舜帝南巡，治水患、平天下的足迹尚存。春秋战国时为楚国苍梧郡，秦末汉初徙义帝于郴，乃以此设都城。秦置郴县，汉称桂阳郡，隋改桂阳郡为郴州。此后随朝代更替、区划更改，郴邑州府之名亦多次更称。郴州山川秀丽。唐韩愈《送廖道士序》云：『郴之为州，又当中州清淑之气，蜿蟺扶舆磅礴而郁积。』宋时邑人陈纯夫撰郴州联：『北瞻衡岳之秀，南直五岭之冲。』《〔万历〕郴州志》曰：『四面青山列翠屏，龙乐深潜鱼自乐。』徐霞客远游郴州后谓之无寸土不丽。郴州为楚粤孔道、商旅重镇。民国初年时驻郴州的湖南督军谭延闿在其日记中写道：『通海以前洋货皆由郴入腹地。』『郴多高房大厦，盖犹是为承平丰豫之遗。』郴州乃人文渊薮，中原文化、湖湘文化、岭南文化在这里交汇，农耕文化在这里发祥，理学文化、仙释文化古韵芳香，源远流长。也有古代寓郴之士在郴州存留的文化亮点。丰腴的文化厚土哺育滋养了郴州群星璀璨般的先哲先贤，他们留下的卷帙繁浩的文献古籍，以及遍存于城乡各地的摩崖石刻、金石碑文，是郴州历史文化的重要载体和突出标志，是穿越时空的珍贵历史文化遗产。

『继绝存真，传本扬学』，将散落的文化遗珠搜集入典册，将历史文化的根和魂留存，将延续千年的郴州文脉传承光大，将淹没在古籍里的智者贤言引为古为今用的镜鉴，是欣逢盛世的当代郴州人继往开来的历史担当！

盛世是一个读史、救史、纂史、藏史的崇文重典时代。党中央、国务院和省委、省政府高度重视，多次下文做出明确指示。郴州市委、市政府提出加强地方文献资料的整理和研究，编纂出版郴州的『四库全书』。市委文史工作领导小组做出具体部署，聘请郴籍国内文史研究专家担任学术顾问，组织有情怀的文史专家组建编辑部，形成市委领导、政府组织、市委文史工作领导小组主持、市文史研究会负责实施的工作格局。一场以挖掘抢救、搜罗整理、编纂出版地方文献为目的，『网罗一邑历史文献典籍于一书』的《郴州通典》编纂出版工作正式启幕。

《郴州通典》古籍文献的搜集整理，坚持全面普查、应收尽收之原则，以搜集文集及零散文献汇总为重点，突出抢救郴州地方文献中稿本、抄本及流传稀少的刻本，尤其注重抢救孤本善本和影响力大、学术价值高的著作。整理收录极富郴州文化个性和极具地域文化特色的金石类著作和简牍类作品及部分有价值的民国时期档案文献目录，使之成为郴州文献典籍整理中的一个显著特色。

文献典籍乃经史之本，参之以历代《会要》及百家传记之书，亦有臣僚奏疏、名流宴谈、稗官记录之作，内容包罗万象，版本源流众多。大至经史子集、风物方志，小至趣事逸闻、志怪猎奇，无不网罗其中。编纂出版《郴州通典》是一项浩大的文化工程。因风化、虫蛀、霉变等自然侵蚀及兵燹、焚禁、损毁等人为因素，加之郴人短于『立言』『立存』，郴州文献典籍散佚严重。唐前郴邑著述更为罕见，市内留存的具有历史价值的文献亦少之又少。其古籍要么『有目无书』，要么『有书无目』。文献典籍底本的搜集犹如海中拾贝，步履艰难。幸而国家图书馆、湖南图书馆等伸出援手，方厘清头绪，渐现端倪。兹搜兹编，筚路蓝缕。两千余年郴州历史人文、学术风尚、社会习俗，靡不毕见。终成一百八十册的地方历史文献丛书编纂出版之盛举。

《郴州通典》编纂秉承五项原则。（一）尊重原著、敬惜字纸原则。不遗一墨，不漏一字。精心挑选版本，一般选择善本、孤本、稀见本影印出版。有蠹损、残缺、漫漶不清者，如有相同版本则予补配，如无相同版本则保持原貌，目的在于给研究者提供一个真实的原始版本。（二）不干预原则。对所有选录的文献典籍『不点不校』，保持所选历史文献的完整性与真实性，不因编者的点校而对原文产生歧义，引起误读。（三）不裁选原则。对所选文献只按经、史、子、集分类编排，将『风物方志』放归史部。每种文献前设置导言，概要介绍著者生平、思想学术贡献和著作内容、特点、社会影响及版本源流。（四）收录规范原则。原则上只选录郴籍人士著述及反映郴人郴事的文献典籍。对虽非郴州籍，但久居郴州，且其主要著述在郴州完成者，对郴州历史文化有较大影响者，从严选择入录。（五）纸质文献与电子文献同时出版原则。纸质文献突出『好中选优』『优中选精』，电子文献突出『全』，应收尽收。

『睹乔木而思故家，考文献而爱旧邦。』《郴州通典》的问世，首次对郴州历史文献和文化遗产进行了一次大普查、大汇集和大整理；首次系统、全面再现了现存郴州（民国以前）传世古籍文献原貌，将郴州在中华民族历史演进中的地位以及对中华文明的贡献清晰地呈现给世人。是迄今为止全面反映郴州历史文献著作的集成大观。对于传承优秀传统文化，展示历史文化底蕴，提高郴州的美誉度和影响力，促进当代郴州文化繁荣、经济发展，都具有重要的文化价值、学术价值和社会价值。

《郴州通典》编辑部

二〇二〇年八月

凡例

一、《郴州通典》（以下简称《通典》）是一部大型的历史文献丛书，旨在系统搜集整理和抢救保护郴州文献典籍，传承弘扬郴州历史文化。

二、《通典》分为《文献总目》《文献精选》《典籍文献》《金石简牍》四类编纂出版。

三、收录范围

（一）内容范围：郴籍人士（含寓贤）著述。

（二）时间范围：所收文献下限为一九一一年。个别门类延至民国时期。

（三）地域范围：原则上为现行政辖区内作者的著述和与郴州有关的著述。对历史上曾属于郴州地区的、对郴州文化深具影响的一些著述也收录在内。

四、《通典》以所收录文献的学术价值、使用价值、史料价值较高为原则，适当兼顾版本价值、收藏价值。

五、分卷编排

各类分卷编排，个人著述以人物分卷或合卷出版；反映郴州历史文化的按内容分卷出版；个别新发现未能及时入编相应各卷者，卷末列编目提要，留待日后汇辑出版。

所收著述前均冠一导言，介绍其作者生平、著作版本、成书年代、学术源流及文献文化价值。

《文献总目》分古代文献目录、民国文献目录两部分编排。古籍书目中经、史、子、集作者只著录一次履历。民国文献中著述目录不注明馆藏。

《文献精选》按郴人名家文献、寓郴名家文献两部分编排。重在遴选郴州文化精华，彰显郴州文化特质。

《典籍文献》以影印方式出版，依经、史、子、集四部编排，其中四部分编不能容纳者按四部原则俱入所属部类。『风物方志』以州、府、县为单位精选后分别编排。

《金石简牍》类以金石、简牍分别出版，金石以碑刻为主，以拓片、实物配以适当文字说明。简牍以郴州出土晋代简牍为主，适当选取里耶、走马楼出土有关郴州的简牍影印出版。

六、版本择用

《郴州通典》收录典籍文献以国家图书馆、湖南图书馆及国内有关各大图书馆藏版本为基础，以海内外其他公藏机构和个人藏书为补充。对符合收录范围的著作一般不做裁选，以保证收录著作的系统性和完整性。同一种著作有多个版本的择善而从，个别有特殊价值的，可多个版本并选。

《金石简牍》类的金石部分以文物部门认定的具有文物价值、史料价值、研究价值的实物为底本。

七、版式规范

《典籍文献》类按统一规格影印，个别特殊者另做处理。底本原有之批校、题跋、印鉴和刻印的墨迹等概予保留。底本有残缺者，原则上以相同版本补配；有缺页者，在相应位置标注。

每种著作均制作书名页，标明书名、卷数、著者、版本、版框尺寸及底本收藏者。

八、索引编制

各卷编讫，另编制总书目、书名索引、著者索引，以便检索。

《文献精选》编辑说明

一、《文献精选》由郴人名家文献选（马治平选编）、寓郴名家文献选（曾广高选编）两部分组成，前者计入选四十五人，文献二百七十篇；后者计入选七十一人，文献三百二十二篇。选编时注重全方位、代表性，以遴选郴州文化精华，彰显郴州文化特质，展示郴州文化魅力。

二、忠实原著初版。所有选编文献均注明出处。限于篇幅需要节选的予以说明。尽量少作或不作注释，避免因编者注释引起歧义而致误导。对原著中衍文和错字，根据现代汉语标准删改。原著因漫漶出现的缺失文字，有多个版本的则对照补全，孤本的则保持原貌。

三、文献按作者时代顺序编排。

《郴州通典》编辑部

二〇二〇年八月

目录

郴人名家文献选

【汉】苏耽

苏耽（前190—前？），桂阳郡（今湖南郴州）人。生于汉惠帝五年（前190）七月十五日。文帝三年（前177）五月十五日，辞母离家云游，传说驾鹤成仙。苏耽幼年丧父，其孝母及橘叶井水熬药治瘟救民、驾鹤成仙的故事，历代广为传诵。三国《桂阳先贤传》、晋代葛洪《神仙传》、北魏郦道元《水经注》、宋《太平广记》、明《九仙二佛传》《徐霞客游记》、清《聊斋志异》等名著以及《洞天福地说》《云笈七签》等道家典籍均有记载。典故『苏耽橘井』列入古代启蒙读物《龙文鞭影》。『橘井泉香』同『杏林春暖』成为中医雅典。

苏耽歌

乡原一别，重来事非。甲子不记，陵谷迁移。白骨蔽野，青山旧时。翘足高屋，下见群儿。我是苏仙，弹我何为？翻身云外，却返吾居。

——清沈德潜《古诗源》卷四（清刻本）

风淅淅兮雨霏霏，城郭是兮人民非。三百甲子当来归，吾是苏耽弹我何为？

——《[万历]郴州志》卷十九（明万历刻本）

【晋】谷俭

谷俭（生卒年不详），字士风，桂阳郡（今湖南郴州）人。传为九真太守谷朗（218—272）后裔。东晋元帝（317—322）时举秀才，官至中郎。不久即弃官归隐，以徜徉山水吟咏为务。著有《谷俭集》，已佚。

角赋

夫角，以类推之，盖黄帝会群臣于太山，作清角之音，似两凤之双鸣，若二龙之齐吟，如丹蛇之翘首，似雄蛇之带天。

——《太平御览》卷三百三十八（民国八年影印《四部丛刊》本）

夫没归宗未嫁而亡为服议（节选）

妇人夫没无子，有归宗更出之义。今姑愍彼无嗣，令还其党，欲令更出，则卫庄姜遣陈妫之比也。于兄弟之家者，兄弟宜服周，受姑命而归宗，夫之余亲，不应有服。

——《通典》卷九十九（清乾隆武英殿刻本）

按：标题为编者所加。

【唐】刘瞻

刘瞻（？—874），字几之，桂阳郡（今湖南郴州）人。唐宣宗大中进士，又登博学宏词科。累拜中书舍人，出为河东节度使，入拜京兆尹。懿宗咸通十一年（870），以中书侍郎同平章事。同昌公主卒，懿宗杀医官二十余人，瞻因上疏力谏，懿宗怒，贬瞻驩州（今越南境内）司户。僖宗立，召瞻还朝为相，未几卒。

请释医官韩宗绍等宗族疏

臣闻修短之期，人之定分，贤愚共一，今古攸同。乔松蕣花，禀气各异。至于篯铿寿考，不因有智而延龄；颜子早亡，不为不贤而促寿。此皆含灵禀气，自然之理也。

昨同昌公主久婴危疾，深轸圣慈。医药无征，幽明遽隔。陛下过钟宸爱，痛切追思，爰责医工，令从严宪。然韩宗绍等，因缘艺术，备荷宠荣。想于诊候之时，无不尽其方术。亦欲病如沃雪，药暂通神，其奈祸福难移，竟成差跌。原其情状，亦可哀矜。而差误之愆，死未塞责。自陛下雷霆一怒，朝野震惊，因九族于狴牢，因两人之药误，老幼械系三百余人，咸云：『宗绍荷恩之日，寸禄不沾，进药之时，人不同议。此乃祸从天降，罪匪己为。』物议沸腾，道路嗟叹。

陛下以宽仁厚德，御宇十年，四海万邦，咸歌圣政。何事遽忘前志，顿易初心。以达理知命之君，涉肆暴不明之谤。且殉宫主而违道，囚平人而结冤，此皆陛下安不思危、忿不顾难者也。陛下信崇释典，意在天生，大要不过喜舍慈悲，方便布施，不生恶念，所谓福田。则业累尽消，往生忉利，比居浊恶，未可同年。伏望陛下尽释系囚，易怒为喜，虔奉空王之教，以资爱主之灵，中外臣寮同深恳激。

——《［嘉庆］郴州总志》卷三十五（清嘉庆二十五年刻本）

【唐】刘赞

刘赞（生卒年不详），桂阳郡（今湖南郴州）人，刘瞻之子。擢进士，后仕梁，为崇政殿学士。有诗《赠罗隐》入选《全唐诗》。

赠罗隐

人皆言子屈，独我谓君非。明主既难谒，青山何不归。年虚侵雪鬓，尘枉污麻衣。自古逃名者，至今名岂微。

——《全唐诗》卷七百二十七（中华书局 1999 年版）

【唐】释全真

释全真（735—867），俗姓周，名宗慧，郴州资兴人。十六岁时出家受戒，后往杭州师从道钦禅师。唐天宝十三载（754），全真离径山云游。两年后到湘源县（今广西全州），于湘山开创净土院（今湘山寺），开演大乘教义。唐咸通八年（867）端坐圆寂。历受五位皇帝敕封，有『寂照大师』『慈佑寂照妙应普惠大师』『保惠无量寿佛』等封号，僧俗尊其为『湘山圣化主人』『湘山祖师』『无量寿佛』。有《遗教经》《湘山百问》《牧牛歌》等著述。

牧牛歌（十首）

未　牧

落日映山红，放荡西东，昂藏头角势争雄。奔走溪山无定止，冒雨冲风。涉水又登峰，似虎如龙，狂心劣性实难从。到处犯人苗与稼，鼻未穿通。

初　调

可忆这头生，永日山行，穿来蓦鼻细调停。珍重山童勤着力，紧紧拘伫。水草要均平，照顾精明，狂机偶触莫容情。收放鞭绳知节候，久久功成。

受　制

渐渐息奔波，牵过前坡，从容随步性平和。度水穿云虽自在，且莫随他。又向那山窝，细看如何，低头缓步漫逶迤。须用鞭绳常管顾，定不蹉跎。

回　首

久久用功深，自在泉林，芒绳轻系向清阴。任性回头不着力，息却狂心。又且看浮沉，细究幽寻，收来放去别无侵。还把绳头松又紧，一刻千金。

驯伏

调伏性安然，任过前川，青山绿水去来还。虽有鞭绳无用处，狂劣都捐。这边又那边，泉穴云巅，悠游踏断白杨烟。日暮归来无挂碍，何用劳牵？

无碍

任意去西东，到处从容，横身高卧柳阴中。笛声吹出无思算，快活阿童。浅绿间深红，景物融融，歇肩稳坐意忘工。忆昔劳心空费力，露地全供。

任运

绿杨芳草边，任运天然，饥来大嚼渴吞泉。踏转溪山随处乐，在在逢源。横卧万峰前，景物幽闲，山童熟睡不知年。抛置鞭绳无挂碍，好个灵坚。

相忘

物我两形忘，月印沧浪，白云影里白牛行。牛本无心云自静，彼此相当。交对露堂堂，何用商量，山童不复著提防。云月人牛俱自在，端的家常。

独照

忒怪这牛儿，不记吾谁，阿童霁晓独横吹。山北山南皆自得，工用俱离。拍手笑嘻嘻，乐以忘疲，逍遥物外且何之。若说无心即是道，犹欠毫厘。

双　忘

无相大圆融，不立西东，人牛何处杳无踪。子夜赤轮浑不照，八面玲珑。魔佛总成空，凡圣销镕，冰河发焰耀天红。枯木枝头花灿烂，绝没香通。

——《湘山志》卷一（清康熙二十一年刻本）

【五代】刘昭禹

刘昭禹（生卒年不详），字休明，桂阳（今郴州桂阳）人。后梁太祖开平三年（909）前后在世。为南楚天策府学士，历任县令、容管节度推官，终官严州刺史。《全唐诗》选其诗作十四首。

括苍山

尽日行方半，诸山直下看。白云随步起，危径极天盘。瀑顶桥形小，溪边店影寒。往来空太息，玄鬓改非难。

忆天台山

常记游灵境，道人情不低。岩房容偃息，天路许相携。霞散曙峰外，虹生凉瀑西。何当尘役了，重去听猿啼。

冬日暮国清寺留题

天台山下寺，冬暮景如屏。树密风长在，年深像有灵。高钟疑到月，远烧欲连星。因共真僧话，心中万虑宁。

灵溪观

鳌海西边地，宵吟景象宽？云开孤月上，瀑喷一山寒。人异发常绿，草灵秋不干。无由此栖息，魂梦在长安。

怀华山隐者

先生入太华，杳杳绝良音。秋梦有时见，孤云无处寻。神清峰顶立，衣冷瀑边吟。应笑干名者，六街尘土深。

赠惠律大师

秋是忆山日，禅窗露洒余。几悬华顶梦，应寄沃洲书。风月资吟笔，杉篁笼静居。满城谁不重，见着紫衣初。

经费冠卿旧隐

节高终不起，死恋九华山。圣主情何切，孤云性本闲。名传中国外，坟在乱松间。依约曾栖处，斜阳鸟自还。

闻　蝉

一雨一番晴，山林冷落青。莫侵残日噪，正在异乡听。孤馆宿漳浦，扁舟离洞庭。年年当此际，那免鬓凋零。

送休公归衡

草履初登南岳船，铜瓶犹贮北山泉。衡阳旧寺春归晚，门锁寒潭几树蝉。

——《全唐诗》卷七百六十二（中华书局1999年版）

仙都山留题

林下事无非，尘中竟不知。白云深拥我，青石合眠谁。山静捣灵药，夜闲论古诗。此来亲羽客，何日变枯髭。

晚霁望岳麓

湘西斜日边，峭入几寻天。翠落重城内，屏开万户前。崖崚危溅瀑，林罅静通仙。谁肯功成后，相携扫石眠。

石　笋

千古海门石，移归吟叟居。窍腥蛟出后，形瘦浪冲余。工语宁无玉，僧知忽有书。好期仙者吒，变化向庭隅。

伤雨后牡丹

废功看不已，醉起又持杯。数日帘常卷，中宵雨忽来。凄凉无戏蝶，零落在苍苔。造化根难问，令人首可回。

送人红花栽

世上红蕉异，因移万里根。艰难离瘴土，潇洒入朱门。叶战青云韵，花零宿露痕。长安多未识，谁想动吟魂。

——《全唐诗》卷八百八十六（中华书局1999年版）

【五代】李韶

李韶（生卒年不详），郴州（今湖南郴州）人。有诗名。有《题司空山观》入选《全唐诗》。

题司空山观

梁代真人上紫微，水盘山脚五云飞。杉松老尽无消息，犹得千年一度归。

——宋阮阅《诗话总龟》前集卷十一（《文渊阁四库全书》本）

【宋】陈纯夫

陈纯夫（1050—1135），字德全，永兴（今郴州永兴）人。宋元丰五年（1082）进士，累迁至太中大夫，封文安县开国男。

寇公楼记

名谓极乎人臣，风采倾乎天下，俱与物交，应于荣辱利害之途，则事出于难明，患生于不测，因理势之常然，无足惑者。夫莱公，自景德初迨于天禧三年，三入相，四年贬道州司马。乾兴元年，再贬雷州司户。天圣中，仁宗神明独运，涤污为洁，伸枉为直。时范文正公亦言其非辜，于是朝廷授公以检校国子祭酒，欲复其位，而公遽终于贬所。方其寓营道也，有为公建楼，为游息之所。既去，而后人思公不可复见也，遂以寇公目其楼焉。岁月滋久，榱楹圮坏。太守朝散董公请于部使者曰：『莱公忠义贯金石，而楼卑隘，不足以称其高明。作而新之，庶乎近比岳阳，远配庾公，辉映江湖之间，不其伟欤？』使者善其请。公于是庀材鸠工，益卑为高，恢狭为广。栏轩轩而翼舒，栋矫矫而云齐；危栏疏棂，晓日光照，旷然四瞩，而奇怪伟丽之观，天作地设，非可一名举也。落成之日，公顾纯夫曰：『记其事者，宜有属矣。』

窃尝谓：『宰相，重任也。公以深谋决事，正天下之本，以协舆人之望。与夫澶渊之师，议论纷委，而公独请征伐，不庭果大败，固有宰相材矣。其兼资文武，而郑重光大，不以富贵骄人，不以智谋凌物，雍容和易，而措天下于覆盂之安，固有宰相器矣。不幸而佥人腐夫，乘间伺隙飞不轨语，肆诬耆旧，遂使晚节殒落南荒。虽赐谥忠愍，以嘉厥德，然其功德，求之被丝竹，铭鼎彝，固有间矣！』

世之登兹楼者，方其遗情轩冕之荣，而丽然舒气，快意于寓赏之际，则夫氛阴昼开，瞬目千里，潇湘澄碧，寒光笼人，九疑排空，秀色可掬。游人宦客，徙倚忘怀，则有无穷之乐者焉。其或较得丧于锱铢，悼湮沦于往昔，思虑胶起，而山水之兴不具。朝游凤池金阙，则名与身荣；暮逐海峤天涯，则迹随事辱。壮夫烈士，踌躇感慨，则有至于唏嘘流涕，而不胜其悲者矣。然则识盈虚，忘物我，非有道者，其谁能之！元祐八年五月。

按：寇公楼，在今湖南道县县城。北宋天禧四年（1020），为纪念北宋名相寇准贬任道州司马所建，清嘉庆十年（1805）重建。

——《[道光]永州府志》卷三（清同治六年重刻本）

【宋】朱辂

朱辂（1070—1128），字国器，郴州军桂阳县（今郴州汝城）人。宋绍圣四年（1097）登进士，历任湘阴县尉、善化县令、邵州同知、代理柳州知州，知邵州、桂阳监使、左中大夫。

过石门

家邻汉空真人宅，路入唐朝宰相乡。万岁峰前秋色静，三贤祠下菊花香。

——《舆地纪胜》卷五十七（清道光二十九年刻本）

自春陵还题诗驿舍

邵陵逆旅梦初残，白首慈亲泪未干。云外归鸿如可托，寄书先为报平安。

——《［同治］桂阳县志》卷十九（清同治六年木活字本）

任桂阳使挂冠养母述怀

勇退无心恋一麾，叩阍乞得侍庭闱。二千石禄人皆羡，九十慈亲古亦稀。东阁虽无文举酒，北堂幸有老莱衣。黄粱未熟浑闲事，且卧南山饱蕨薇。

——《［民国］汝城县志》卷三十二（民国二十一年铅印本）

【宋】谢岩

谢岩（生卒年不详），衡州府安仁县（今郴州安仁）人。因避战乱迁徙于资兴（今郴州资兴）定居，为资兴西岭头谢氏始迁祖。其《兜率岩记》收入明代《天下名山诸胜一览记》。

兴宁兜率岩记

曹成既陷安仁，郴桂云扰，予从严君命，徙家于资兴。

暇日，接土人黄世功，始知寓舍不远有兜率岩者，神工鬼迹，莫之与并。乃拉仲筹、叔仪、温叟三弟游。但江天久阴，阻于寒冽，日望霁云，以定行李。信宿延庆寺，取斧割松膏数百窝为炬火用。盖闻岩中昼日晦冥故也。是晚，重霄开爽，气候可人。遂整巾袍，戒仆夫洁筐筥，备炊灶，修木耳之鲙，采蒲叶之松，杂香饭于乳糜，变芋魁于龙脑。不欲不荤，虑渎灵境。暨鸡声欲穷，林色将莹，各携九节，啜粥而行。

自市尾呼小舟，才漾轻波，已达平路。田塍稍阔，步履轻迅。凡十五里至铁坑，遥望岩穴，不隔寻丈。访萧君玉首，话来游之意，借长须为乡导。萧重其役，遣次子陪杖履，由山脚百步，抵僧德明所居。庵舍虽小，具含法界，背叠林莽，面冽溪涧，幽禽巧哢，人声夐绝。披襟散策，宴息少定，迤逦登山，路道盘折，云根鸟径，陟降之间，势若霄壤。

初得一洞，容数十人，而窍穴甚细。过是几半里，岩扃恍然，其内温郁，地势渐下，西行一食顷，回视金刚力士，形若雕刻。夹路祥云作阵，不容履舄，薄而视之，咸乳石也。又西有老君岩，岩东有塔，直透岩顶，望不可及。西睹帐屋高百丈，如猛风所吹，聚皱成叠。其中一叠，叩之清越如鼓，傍有玉池，甘冷倍常。路尽石平，回折而北，嶙峋细碎，若荔枝，若杨梅，若菌蕈，若饼饵，若搭架衣服，若飞檐冰雪，物象千品。自北而东，楼台参错，人鬼仿佛帷中之菩萨，云际之如来，莲花龙蛇，璎珞盆盂，奇花异木之状，所在森然。凡五易炬，返从东际出，候日晷已转午矣。

大抵自岩口以至深邃，皆钟乳凝结成象。玲珑穿虚，或乘空下垂，或从地突起，世之所有，无一阙者，色多黄白，罕有青碧。予尝览夫载籍，石之特出者，古今记录，往往过实。已见者竭于咨嗟，未见者发于梦想。彼一端之善尚尔，是岩兼善而有余，宜如之何？九华为天地间尤物，岂惟浪得名耶？说者尚未见资兴之岩耳。

予伯仲归，索怀袖得小石之佳者千百计，置诸几席，以追配事，怪石供之万一云。时绍兴元年嘉平前五日记。

——《〔嘉庆〕郴州总志》卷三十五（清嘉庆二十五年刻本）

【宋】丘崇

丘崇（生卒年不详），字次姚，桂阳监平阳县（今郴州桂阳）人。宋元符三年（1100）登进士第。初授潭州善化县尉，历任融州通判、朝请郎、知融州。

重修罗池庙记

唐元和十年，州刺史柳侯至，以圣人所常行之道善其民，四年不幸而平时浃人胸中者已深。人将释之而不得，追其尝与部将魏忠辈驿亭酒间语，乃祠于罗池。自欧阳翼之梦、李仪之死，人尤神之。以忧患乞怜者，每每获报，如所庶几。三百余年，英灵犹存。皇朝元祐五年，赐额曰『灵文庙』，崇宁三年，赐爵曰『文惠侯』，从斯民之欲也。庙阅日深，仰见星斗，蚁封蠹蚀，几莫能支。而承糟践笾，袂犹相属，所谓施利钱者，岁不知几何？率以十万为公帑，用余则庙得之，以备营缮。然一岁之间，给公而外，所存无几。虽欲改作，将焉能为？郴陵朱公以政和二年十一月视守事，三日具礼谒款，见其所托，大不足以称侯。四顾踌躇，隐然于中者久之。退而考其故事，得庙利岁时移用之状，语诸僚佐曰：『侯生死皆有功德于斯民，而祠宇敝陋如此，吾曹当思有以崇大之，奈何牟其利以事封靡乎？侯无遗，宁独不愧于吾心？燕衎可寝也，豆觞可裁也。土木之役，上求则费公，下敛则耗众，曷若归其利于庙？纤毫籍之，久自可举。』咸曰『然』。未几，籍以羡告州监兵陈莘者，开敏有干局，俾掌其事。购材募能，取足于籍，堂室门序，卑高如仪，焕然一新。观者嗟异。又抚其余材，构亭于罗池之北，因以名之。亭与庙异区而同名者，不特谓江山之胜作也。呜呼！涧酌可以祀皇天，噫嘻可以祈上帝，未有诚而不能动者也。心者，灵之府，而诚出于其中，神人殊方，灵未始异。以其出于未始异者，合之于冥冥之间，神能违之乎？世俗膴仕，情随泰迁，燕衎自娱，豆觞自奉，凡可以适己者，无所不为。公则不尔，惟崇大于侯是思，卒使侯祠既壮而丽，则其诚可谓至矣。千里而郡，非独其守任民之责，神与有焉。年无饥馑，气无乖厉，此民之所望于神者。民之所望，公之所祈也。致其诚于神，以祈民福，公岂可与世俗者同日而语哉？政和三年十月望日，承事郎通判融州军州事丘崇记。

——《柳河东全集》附录（世界书局民国二十四年版）

【宋】姚宋佐

姚宋佐（生卒年不详），字辅之，桂阳军（今郴州桂阳）人。宋乾道八年（1172）进士。初调湟川户掾，历任八桂校官、静江府学教授。以诗名称于世。有诗集。存世仅诗二首、诗句二则。

上詹帅

九月无霜飞叶少，四时有笋乱丛深。桂林二十四岩洞，杖屦十年供醉游。

——《舆地纪胜》卷一百三（清道光二十九年刻本）

梅月吟

梅花得月太清生，月到梅花越样明。梅月萧疏两奇绝，有人踏月绕花行。

——《宋诗纪事》卷五十四（上海古籍出版社 1983 年版）

【宋】雷应春

雷应春（生卒年不详），字春伯，郴州人。宋嘉定十年（1217）进士，分教岳阳，除监行在都进奏院，擢监察御史。归隐九年，又起知临江军。其诗词文集有《洞庭集》《玉虹集》《日边集》《盟鸥清江集》等。《全宋词》收录其词两首。

沁园春·官满作

问讯故园，今如之何，还胜昔无。想旧耘兰蕙，依然葱蒨，新栽杨柳，亦已扶疏。韭本千畦，芋根一亩，雨老烟荒谁为锄。难忘者，是竹吾爱甚，梅汝知乎。

茅亭低压平湖。有狎鹭驯鸥尚可呼。把绛纱准拟，新官到也，寒毡收拾，贱子归欤。略整柴门，更芟草径，惟有幽人解枉车。丁宁著，与做添棋局，砌换茶垆。

好事近

梅片作团飞，雨外柳丝金湿。客子短篷无据，倚长风挂席。回头流水小桥东，烟扫画楼出。楼上有人凝伫，似旧家曾识。

——《全宋词》第四册（中华书局1965年版）

义学田碑记

给田以廪士，今郡县学皆然也。县去民最近，庠序之教易于推行。而令失其政久矣，文书敲朴，救过不暇，奚暇设教也。古者自二十五之闾为塾，择民之有道有德者为左右师，凡闾中之子弟皆得就学。虽未闻何所廪给，意者田各井授，人有常产，趋向纯而志虑一，故能周旋于仁义礼逊之中，所谓人有士君子之行，宁不由此其选欤！自乡治废，田制坏，富连阡陌，而贫无立锥。富者既安于豢养而不知学，贫者又累于饥馁而弗克学。敬敏任恤，不复书也；孝友睦姻，不复尚也；德行道艺，不复考也。党正族师闾胥之教训，无复影响。至弃子弟于不教，诿曰吾力不及也，呜呼！秉彝好德之民，而使之暴弃如此，为父母其忍乎哉！

临武居桂洞之阳。其民朴古，号称易治。南昌胡君纯下车之初，首崇教事，庠音序声，绎绎不绝，文质彬彬，一时为盛。而生于穷山深谷之间者，懵不知向方，歆邪之民，如缁术尸祝王法之所禁。吾儒之所辟者，乃参错保社滥席僭师，不模不范，沦溺其民。胡君哀矜恻悯，不忍以薄待之，务欲磨揉迁革，使归于善。乃进五乡之长而告之，立规约，明教导，为塾若干，择士之有行艺者为训谕，使会教其子弟。塾各拨田有差，又有乡学纠正田若干亩，所以维持之者可谓远也已矣。君之为此，其庶几古者乡校之遗意欤！

尝观国朝庆历间，制诏州县立学，而未尝及于乡也。今胡君能广朝廷教育之意而肇创之，且给田为永久计，使斯人优游于父母昆弟之间，纯固其诗书礼义之习，当今之世，盖未有如胡君此举者，其不谓之贤矣哉。噫！良心善性人所固有，特无以作之。尔今之为令者，皆如胡君之用心，则乡学之创遍满天下，比屋可封之气象，复见今日，故喜为之书。时淳祐十二年秋吉日记。

——《〔同治〕临武县志》卷四十一（清同治六年刻本）

【宋】曾晞颜

曾晞颜（1227—？），字达圣，号东轩，祖籍山东武城（今山东费县），后定居桂阳军临武县（今郴州临武）。宋景定三年（1262）进士。历仕连州教授、御史、湖广道儒学提举。

贺新郎·贺耐轩周衬尹　己卯

富贵人间有。就如今、秤量阴德，还公最厚。一郡鹳仑全似旧，春满霜畴稻亩。近帐外、干将夜吼。直指禾川弄霆雷，从山阴、鹿健那能走。都算计，怎担负。

单车曲曲穿岩窦。向迷途、分明一呼，散渠回首。夹路香花迎拜了，见说家家举酒。道公是、再生父母。活一口还添一岁，这一回、活几千千口。只此事，是公寿。

好事近·以梅为寿

昨夜探寒梅，先报一阳消息。天遣花神妆点，衬贤侯清白。试将玉蕊比修龄，算枝头千百。更有不凡风味，付调羹仙客。

——《全宋词》第五册（中华书局 1965 年版）

秀岩风月

琼楼玉宇落荒村，鸡犬无声到洞门。采凤久藏丹穴羽，青莲倒续华峰根。笑谈疑有宫商应，剜刻浑无斧凿痕。莫讶空中能卓立，亭亭一柱柱乾坤。

又

一番春事付风埃，屐齿参差识翠苔。野鸟避人犹巧语，山花背日尽迟开。奇峰自是平地起，活水不知何处来。天若便教羁絷脱，宁须海上觅蓬莱。

——《[同治]临武县志》卷四十一（清同治六年刻本）

【元】黄雷孙

黄雷孙（生卒年不详），郴州路兴宁县（今郴州资兴）人。进士出身，授永州府同知。

何仕全夫妇双节传

节义之士不畏死不偷生，唯存天地浩然之气者，能之故可以临变不夺，从容就义。若吾乡仕全，号节斋先生暨钟氏孺人者，真其人也。

先生为韩侯裔，幼称硕儒。宋室不竞，常有忧国之志。宝祐丙辰登第，知时不仕。德祐二年春，元兵克潭州，传檄诸郡。袁、连、衡、永、郴、全、道、桂阳、武冈皆降。先生虽无官守，叹曰：何湖南无一义士也！

及闻潭知州李芾衡、进士尹谷死节，感慨泣下。秋八月，元兵入赣入广者，长驱而来，获先生于县治南。先生举止从容。夐出人表：我兵喜得一佳士。迫使见主，欲收用之。时夫妇皆六十余，相与诀曰：我宋士也，不可为元俘。词气奋抗，激使杀己。夫妇同日引颈受刃。

呜呼！湖南延袤千里，时仗大义者，李尹二公耳。孰知有思故朝守大节，临变就义者若此哉！宋以忠厚立国，礼义教士，志士仁人，当社稷亡时慷慨舍生，叠见于世。然夫妇同死节义成双者，则仅见于西河之陈寅、池州之赵昂发而已矣。继追芳躅于宋有光者，其先生之夫妇乎。彼享厚爵守专城，见檄而靡者，能无汗颜欤。

先生居址曰台前，吾清江归市通衢也。余尝经宿焉，长幼言及先生事，辄哽咽流涕。唯以祖与妣不及正命终，又不获全尸葬为憾。余叹曰：先生之志，死而不渝，后人之情，久而无问。何氏其世蕃大于宁乎，惜乎！德祐至今垂四十余年，家不忍暴先人之变，时不敢扬抗顺之人，使先生不得与李尹陈赵诸公同光史册也。虽然，先生大节如华岳，如雷霆，有目者共见，有耳者共闻，今不扬之，恐世移时改，则先生之烈将无征于后矣。余谊同乡曲稔闻巅末，非一日安能已于言哉。敬为传，以俟为国史者采焉。元至治壬戌冬十二月之吉。

——《［嘉庆］郴州总志》卷三十六（清嘉庆二十五年刻本）

【元】黄师郑

黄师郑（生卒年不详），郴州路兴宁县（今郴州资兴）人。黄雷孙之子。元至正元年（1341）乡试以《江汉朝宗赋》荐第一，至正四年参加礼部考试，考题为《承露盘赋》，以文夺冠，其文收入《青云梯》。

承露盘赋

客有揽渭城之秋色，驾茂林之西风，访柏梁于汉阙，挹琼液于仙铜。野粉蜕椒壁之封，烧痕惨铜狄之容。苔蚀雨兮荒阶，树栖烟兮故宫。慨武皇之何在，悲往事之无穷。

想斯时也，六合尘清，九溟波静。纪天瑞于白麟，咏铙歌于宝鼎。云停秘玉检之封，海上矗鸾旗之影。厌尘寰之日促，慕蓬莱之路近。集方士于禁庭，招赤松于仙境。炼甲庚而吞吐，吸烟露而导引。爰首创夫金仙，拾露华于盘顶。于是碎首山之矿，炼太白之精。紫电飞炉鞴之焰，罡风融膏白之英。金鸦晓飞，刷直羽而惊翥；玉龙夜饮，啖元液而无声。良工奏技，宫官告成。圆象蓬峤之顶，高侔天柱之形。恍奇功之神造，揭双立之修茎。抗金人于寥廓，轶埃溘以凝神。玉笋摩空，掬清泠于碧落；琼杯吐耀，映素彩于觚稜。时其玉宇秋清，银潢星渡，素娥舞羽于广寒，灵匹搴旗于河鼓。秋堂纳凉气之新，金井蔼华霏之坠。蘸瑶草以生寒，湿龙旗而拂曙。金茎朗植，擎沆瀣于初收；玉始朝盈，注神装于斯聚。浮辉映渊客之夜光，流润焕方诸之明水。帝乃碎元圃之瑶华，屑蓝田之玉蕊，和以玻璃之卮，酌以天瓢之醑。琼波粲粲于光浮，玉液森森而浪吐。一饮而百感潜生，再饮而五官清粹。可以瀹缑山之子晋，可以觞瑶池之王母。又何必咀绛雪于昆仑，捣元霜于玉杵。且帝之饮斯露也，意将仍羽客于瑶台，邀羡门乎天路。鼎湖攀留剑之龙，蓬岛驾冲霄之羽。服玉白云之乡，脱屣九重之位。则庶乎可以答求仙之心素，而金仙之功于是乎著矣。

虽然，予尝披史籍而遐观，窃有感乎！斯故？夫何武皇以雄才大略之君，而乃惑溺于方士妖人之侣？神游八表之中，辙满九州之土，心鹤游而莫羁，意马驰而莫驭。马肝文成之诛，仙迹公孙之侮，尚宿留于东莱。何帝心之弗悟？且是盘也，何不镂日新之汤铭，刺丹书之周语。于以保合天倪，多历年所。奈何植巨擘于空庭，费精神而无补。

迨夫黄金不变，青鸟音稀。悲山陵之日近，怅三山之路迷。而紫凤下轮台之诏，秋风歌汾水之词。顾蟠桃之不实，嗟少壮之几时，对铜仙而怀愧，空感泣而生悲。已矣哉。桂华满兮明月辉，扶桑晓兮白日飞。候馆空兮人已去，茂林荒兮绿草萋。生存华屋，零落空虚。麒麟裂背上之文，虬龙折颔下之珠。石马空嘶于荒冢，露盘几载于空车。嗟铜仙兮有知，挥铅汞兮淋漓。

耿予怀之好古，安得不为之感慨而唏嘘？遂呼铜仙而歌之曰：飞光飞光兮会不少留，元气茫茫兮浩不收。三十六宫兮土花稠，刘郎一去兮今马求，酸风东射兮烟凝眸，眼波流断兮满眶秋。铜仙铜仙兮君莫愁，吾将携子兮归丹丘。

江汉朝宗赋

元黄奠极，混沌攸分，屹岷峨之西峙，发天一之元精。沛灵液以长流，亘天南之纬经。激逸势以遄驱，送驰波于沧溟。譬万国之会同，咸疾趋于紫宸。兹江汉之东注，所以著朝宗之徽称者欤。时其春涛浩涨，万壑流液，骇浪翻空，天网浮潏。激三澨而霆喧，浸峡云而影没。腾蛟鼓跃而喷风，怒蜺霍挥而翳日。长驱振铁骑之西来，支流若附庸之毕集。望沧海之茫茫，倡百川而坌入。虽百折而必东，靡同波之颓息。兹非诸侯春见而曰朝，于以觐王庭，而述职者乎。又若阴风怒号，浊浪排空。巨浸稽天而浩浩，惊涛触石以溶溶。始两川之并驾，终合势而景从。雷轰于大别之下，电绕于庐阜之冲。渺乾坤其浮浮，蘸旭影之曈曈。飞流骇奔，走涂山之玉帛。狂澜澎湃，集王会之琛琮。兹非诸侯夏见而曰宗，于以朝京师，而会同者乎。

余尝快西风之晓晴，驾西龙兮北征。朝吾道兮江浦，夕余憩兮汉滨，览形胜之渺㳽，黯寒烟兮夕沙汀。洞庭南泻，荡天光之一碧。赤壁西望，俯洪流而下临。蜀山逶迤而送色，楚泽浩渺而连云。凫鹭低回于烟渚，苇花点缀于寒津。濯缨乎沧浪之浦，游目乎鹄山之岑。

余于是有所感矣。思昔龙门未辟，环海汤汤。慨尾闾之未泄，肆川后之陆梁。唯圣神之恻然，乘四载而彷徨。经嶓冢以导汉，随岷山而入江。障狂澜而东骛，若日月之回光。迨夫乾清坤宁，岳奠川会。群流循径以汨潏，飞涝摧云以距海。各顺序而安行，孰奔腾而横溃。观物理之有常，等民彝之不昧。思禹功于当年，实万世之永赖。

嗟夫！观水于穹壤之间，知物有君臣之义。大而丽天之象纬，微而在物之蝼蚁。虽气类之万殊，实均具夫此理。何世降于春秋，迥霸图之殊异。嗟河阳之书狩，秉麟笔之微意。在桓文而尚尔，于吾楚乎何忌。观逝者之如斯，能不忸怩而愧死。此余于江汉之朝宗，安得不怅然而长喟。唯圣元之御极，总万国以来庭。虽海隅之遐陬，亦梯航而贡琛。藐余忝于楚产，怀朝宗之至心。鼓三汲之巨浪，振修鳞于禹门。爰寄悰于江汉，聊抒意于斯文。

——《〔嘉庆〕郴州总志》卷三十六（清嘉庆二十五年刻本）

【元】马熙

马熙（生卒年不详），字明初，衡州安仁（今郴州安仁）人。历官右卫率府教授。著有《涅阳侯传》《缑山书院行状》《乐府十解》《圭塘欸乃集》等。《元诗选·初集》录其诗四首，《全金元词》录其词十八首。

明初和并序

中执法安阳公初度之辰，熙赋乐府为寿，以买陂塘旋栽杨柳为首句，为新得园池，成公志也。公洎可行都司各和二首，祯和二首。既而可行董浚筑之役，竣事，复八赓韵，公亦如之，愈出而愈奇，有本者如是夫。公命熙复赓，而鼯技穷矣，搜枯得九首，并倡为十阕，谨录以呈，伏希指教。

摸鱼子

买陂塘旋栽杨柳，参知绿野机务。春花秋月冬宜雪，夏有芰风荷雨。亭北渚。更倚棹观鱼，时憩东西屿。掀髯自语。任黄阁丝纶，彤庭剑履，未换涉园趣。

人间世，多少高眠巢许。勋庸终愧伊吕。得闲宰相方为贵，谁识山中诗句。觞玉醑。看老鹤翩跹，舞入南飞谱。清风万古。是旧隐晞韩，新堂醉白，香满菊花圃。

摸鱼子

买陂塘旋栽杨柳，参知老圃机务。宰臣得请归田里，久旱忽逢甘雨。怀鄂渚。怅黄鹤楼前，鹦鹉翔烟屿。骚魂可语。奈信美江山，无穷湖海，难得故乡趣。

西园地，天意昔年曾许。埙篪近协音吕。筑台浚沼方竣事，更办雪儿佳句。仍酹醑。为祷尔三家，恐有治园谱。今吾胜古。问孟氏芳邻，何时康乐，何似束之圃。

摸鱼子

买陂塘旋栽杨柳，参知圭沼机务。石渠瀌瀌鸣西北，不用九天瓢雨。鱼在渚。又戏藻翻荷，绕遍方圆屿。

鱼如解语。道惠子忘言，庄周忘象，岂识水中趣。

寒泉上，云影天光如许。高谈曾会朱吕。此中尽有源头水，添我感怀新句。姑却酹。便合著叶嘉，百世云仍谱。心源汲古。任智井无波，方塘好在，余润及蔬圃。

摸鱼子

买陂塘旋栽杨柳，参知三岛机务。方壶员峤千夫力，挥汗已能成雨。凫立渚。看两两胎禽，俯伏红云屿。忘机对语。尽较短量长，昨非今是，未害老仙趣。

山中计，长史讵能羁许。糊涂政合晞吕。交梨火枣如缄惠，何必云林摛句。瓶罄酹。问玉醴金浆，通我仙宗谱。尝闻往古。说舟近蓬莱，风犹引去，何处觅县圃。

摸鱼子

买陂塘旋栽杨柳，参知渔艇机务。巨川冒涉风涛险，此际缆烟维雨。朝泊渚。到日落沧波，移傍寒梅屿。翠禽无语。甚雪意方深，月明空载，独棹始成趣。

鳌坡梦，年少纷纷权许。科名更欲侔吕。桃花浪暖多肥鳜，不识绿蓑词句。常载酹。岂特与、笔床茶灶联文谱。闲忙今古。是世上何人，渊明日涉，董子不窥圃。

摸鱼子

买陂塘旋栽杨柳，池亭检校公务。团茅时复羲皇上，惊梦每劳窗雨。东望渚。却不似西偏，略约连双屿。于时语语。待柳色环堤，荷香入座，方足倚阑趣。

园丁戆，直把廉名自许。端如司马家吕。十千护得檐前桧，莫咏蛰龙奇句。谁酌醑。试共看东皋，五斗先生谱。明当仿古。要渠列箕畴，牖县羲画，学取晦翁圃。

摸鱼子

买陂塘旋栽杨柳，平堤检校公务。近来不用新沙筑，屐齿要深苔雨。兰艺渚。植桂树团团，宛在池中屿。堤应怨语。只有恨柔条，无情飞絮，日与我同趣。

周垣下，杖策已蒙神许。饐瓜何用怀吕。丈夫志不期温饱，愧尔碧纱笼句。行且醑。听弦索迎风，吹入新翻谱。由今视古。对草绿西湖，裙腰一道，端合让西圃。

摸鱼子

买陂塘旋栽杨柳，飞桥检校公务。当年题柱非无意，借用墨池玄雨。沱共渚。早有路潜通，海上三神屿。归来笑语。便玉螮横空，金鲵跨海，安有野亭趣。

裴中令，别墅相师惟许。倡酬声应钟吕。若教子午成丁卯，容得老渔寻句。忙唤醑。好净洗穷愁，却与论诗谱。西风道古。我欲系匏瓜，匏瓜何在，缑氏已无圃。

摸鱼子

买陂塘旋栽杨柳，崇台检校公务。西山远献千岩壑，总解蓄云藏雨。临浅渚。更俯视银涛，万顷摇孤屿。姮娥寄语。约静影浮光，浴金沉璧，方领眺瞻趣。

登临地，休逸主人先许。买邻邀我从吕。黄金铸作千钱贺，不及无声新句。斟绿醑。甚欲把、园亭草木随时谱。歌豳验古。看祭韭条桑，薪樗剥枣，纳稼筑场圃。

摸鱼子

买陂塘旋栽杨柳，梦中还理家务。十年不到衡山麓，孤负楚云湘雨。苹映渚。渺杜若江蓠。香接烟霞屿。口心相语。为蝇骥东西，云龙上下，误却钓游趣。

生平志，愿识平舆二许。煌煌岳降申吕。斐词敬为先生寿，博得月章星句。毋我醑。只小草幽兰，心醉离骚谱。松存径古。待游遍西园，荷锄归去，吾亦爱吾圃。

太常引

园池多在魏公时。盛极自然稀。天遣可翁回。要扶起、台倾榭欹。圭塘如此，藕花无数，一笑领翁诗。帝里不须期。怕韡似、三司面皮。

太常引

园中风物水中亭。消得两娉婷。浊酒卷荷倾。早洗尽、筝声笛声。四堤晴柳，一天花气，付与晚山青。飞絮挟云轻。任膝上、瑶琴自横。

太常引

稚红酣日照修筠。光景一时新。万扇却游尘。看出浴、温泉太真。榜中龙虎，班头鹓鹭，无复困冠巾。花亦识天民。问身到、黄扉几人。

太常引

露桃云杏不胜秾。合让水花红。别种出林东。为冰雪、相看改容。洹堂双瓮，此时千叶，愁绝闷珠宫。贮酒待吟翁。念畴昔、时来一中。

渔家傲

香雾空濛烟缥缈。青归林木先从杪。若采芳洲蘩采沼。花事悄。幽情聊复忘鱼鸟。乌倦知还亭月老。鱼安浅碧吹斜照。鱼若有言求直钓。秦吉了。也应能唱渔家傲。

渔家傲

八十邻翁头似葆。为言环翠埋芳草。不似圭塘风物闹。清昼好。来游往往逢郊岛。细浪粼粼风袅袅。柳丝柔直荷钱小。凫短鹤长无用较。舟可擢。扣舷重和渔家傲。

渔家傲

凉入槐阴门巷杳。秋容次第归苹蓼。潦尽波寒亭影倒。征雁早。一声唤起江天晓。菊外白衣殊未到。沙堤留得西山眺。何事木莲花独少。诗与调。倚风仍度渔家傲。

——马熙《圭塘欸乃集》卷上（《文渊阁四库全书》本）

按：标题为编者所加。

【元】左元龙

左元龙（生卒年不详），郴州路（今湖南郴州）人。进士出身，元大德年间任郴州路教授。

兴宁观澜书院记

水哉，水哉！仲尼何取于水也？取其有本焉耳。盖道之有源，犹水之有本也。夫斯道之源，一泄于河洛，演迤于尧、舜、禹、汤、文、武、周公之六七君子，而源益深。尼山派出洙泗，波流始达于孟轲，再泛于韩愈，而源益远。中间虽厄于嬴秦之毒，莽贼之逆，宋齐之凶，慝聪勒之孽，骄举莫能，遏其必东之势，信乎？沧海之水，虽遇霜降，岁旱而不涸；圣道之澜，虽遇王泽，湮微而不竭，以其本深且大故也。迨夫五星聚奎，文明启运，濂洛诸儒，复浚其源。

宋三百余年，诗书渗漉，上自王宫国都，以及乡党闾巷，莫不有学，皆所以明教化，正人心，扶植纲常之道，于千万世而不坠，岂非诸儒之功与？此兴宁曹氏书堂所由创也。

宁为郴望邑，曹为宁望族，清淑气钟，类多魁奇材德之士，乡举里选，代不乏人。乃于醽醁潭上，构书堂以训族党之少俊，取孟子『观水必澜』之义以名，意亦深矣。不意沧桑变易，河不出图，斯堂厄于丙子之变，井湮室圮，几二十年。

迨至元辛卯冬，得百里杨从仕，嘉重吾道，主张而修葺之。遂使斯堂几坠而复兴，斯文几绝而复续，得非有本之水虽霜降而不涸与？

一日，绣使靳公新田先生，用以曲沃名流，廉访二道，行郴属邑，至醽醁潭上，肃旂鸾而戾止，一见惊喜，抚存衿佩，讲论从容。斯堂至今，殷殷有金石音，所谓今代不数人，百年能几见者也。诘朝返郡治，称道不绝口，浓墨大书『观澜书院』匾，以惠后学。易堂而院，廓而大之之意也，其殆曹氏斯文再兴之祥乎？

方今朝廷，偃武修文，崇儒重道，勉励学校以作成人材为第一事，岂非吾道之幸与？然当世学者，往往舍本逐末，以功名富贵累其心，波颓风靡，良可慨叹。

障川回澜，中流砥柱者其谁乎？有曹君一本等，已为科举，文字研精，圣经贤传，以淑艾一乡一族之俊秀。盖将涨醽醁而濂洛，由濂洛而沂洙泗之渊源，深造乎斯道之蕴，浩浩其天，明通公溥，流动充满乎天地间，人皆得以涉其津涯，寻其流派，而无望洋之叹，其志岂浅浅哉！然则斯堂也，开创于前，规画已详，润色于后，祖宗有光。斯文福泽，源源而来也，曹氏世世子孙漱润其无斁矣。时大德壬寅上元日记。

——《［嘉庆］郴州总志》卷三十五（清嘉庆二十五年刻本）

【元】陈楚春

陈楚春（生卒年不详），字若雷，桂阳路临武县（今郴州临武）人。元顺帝至正中授长沙教谕。顺帝即位之前在道州时，陈楚春作诗上之，及顺帝北还，充扈从官，至京师即位后，帝命其赋『神州八景』。因擢湖南廉访使，不受，以疾乞归。

诚斋赋（有序）

诚斋鲁公，牧桂阳之三年，政通人和，郡以大治。其属县尹刘畊孙，命予谨采民谣，辑士论，作《诚斋赋》以献之。虽不敢上方屈、宋、鲍、谢，其于纪述盛德，亦足以见其模写之实，而非溢美云。

盖闻诚者，真实无妄之谓也，乃天理之本，然非人欲之所为。具太极之全体，实造化之权舆。观其建立三极，范围两仪，橐籥万化，流通四时。寒暑以之而代谢，阴阳以之而惨舒。日月以之而照临，风霜以之而发挥。川岳以之而流峙，草木以之而荣萎。凡寓形于宇宙，皆此诚不息之机。天与人而无间，贤与凡而奚殊。敛之方寸，不见其不足；放之六合，不见其有余。语其体则纯一而不杂，语其用则始终之不离。是故金石可磨，此诚不亏；山岳可移，此诚不隳。可以动天地而感鬼神，可以化奸暴而孚豚鱼。贲育之勇，至此而无所用；仪秦之辨，至此而无所施。非声色之可拟，岂虚伪之能窥。有斐鲁公，为时皋夔。系北庭之华胄，通宦谱于金闺。拥旌旄以出守，挟琴剑以自随。辟高斋之爽垲，拓中扃之坦夷。夫以智勇而壮其柱石，以德义而励其廉隅。藻缋以图书文物之美，充牣以几仗盘盂之宜。端居燕以清闲，退食私以委蛇。绝游尘之纷扰，究至理之精微。谓功莫切于慎独，而意犹防于自欺。惟闲邪为存诚之本，惟主敬立思诚之基。盖公之素所讲明者，非徒掩袭于一旦。而其措诸事业者，有以涵养乎平时。公牧淮堧，口碑载途。公来桂山，廉声已孚。剔蠹弊于俄顷，刬烦剧于须臾。拯翳桑于沟壑，安编户于康衢。化刀剑而牛犊，易嚣讼而诗书。是以野无绿林之哨，廪有红腐之储。恩如春阳之熙物，威如风雪之摧枯。直如溜雨参天之老柏，清如迎风寒露之玉壶。孤高之志，益挫而益励；坚刚之节，愈老而愈奇。劳馈饷之役而不畏其险，入元戎之行而不惮其危。信至诚之为德，履夷险而不渝。吾犹愿公端冕服，植桓圭，柱石两社，霖雨八区。推至诚既往之学，以参天地，赞化育而佐圣明之治于雍熙也。

——《历代赋汇补遗》卷十一（《文渊阁四库全书》本）

【明】李思聪

李思聪（1363—1398），字仲谋，号石林，桂阳州（今郴州桂阳）人。明朝杰出外交家。明洪武二十七年（1394）参加甲戌科殿试，登金榜二甲第十二名，赐进士出身，授行人司行人之职，后任江西承宣布政使司右布参政。明洪武二十九年奉命出使缅甸国和百夷，其事入《明史》《明实录》。出使途中所作数百首诗作，结集为《石林诗选》，其纪实著作《百夷纪略》被收载于《续修四库全书》。

使缅诗（十七首）

过威清卫

铁骑行行拥后先，日光斜照锦袍鲜。威清军士遥相指，即使分符下九天。

过曲靖

百里平川接远峰，天兵曾此破蛮凶。至今石堡山头树，犹似旌旗映日红。

滇池夜月

桂棹兰舟作晚行，正当好月照昆明。光含水面冰壶洁，影浸波心玉宇清。丹桂参差秋八月，素娥皎洁夜三更。微风起处涟漪动，如对仙人坐水晶。

观火节

云南火节夜荧荧，市井家家不闭扃。仿佛飞来千尺电，须臾移下一天星。高竿烈处林鸦噪，醉客喧时厩马惊。长幼纷纷相戏后，谯楼殊觉鼓三更。

观　葵

可爱堂前一丈红，锦囊初破便朝东。细观草木能坚节，况谓人臣不尽忠。

题　兰

一干一花香有余，悬崖深处是幽居。只因清契诗家趣，移向窗前伴读书。

洱水西风

终日萧萧草偃东，浪声如鼓震秋空。老天不与渔郎便，飘却孤舟一钓篷。

苍山晴雪

雪压苍山累几重，堆琼积素上凌空。鹤来松畔无形迹，疑是白云迷远峰。

金齿边臣迎于坂桥

边臣远迓出高墟，威武桓桓护玺书。画鼓如雷人似簇，旌旗摇拽过通衢。

过怒江百夷叨孟传典等来迎

路入西南万五千，怒江秋尽水如天。百夷犀象迎星使，一阵皇风扫瘴烟。

过蛮夷驲　即忙施路

夷邦从此是平川，村落居民满十年。异域小夷迎道左，愿留星使一停鞭。

晓发金齿

斗转星横欲曙时，轺车催发岂迟迟。顾瞻北阙恩如海，西出阳关酒满卮。众职后随遵玺诏，千乘前导壮威仪。
通衢老稚重重列，欣睹王人下缅夷。

和钱公百夷宣慰拜诏韵

圣明大统一华夷，僻壤遐陬达礼仪。双捧纶音酋长拜，九重圣典远邦施。天恩到处皆遵命，夷缅登时各罢师。
欲识人心欣仰处，文身花帽总熙熙。

远浦鸦飞

其一

洱河秋尽水如天，薄暮鸦飞满目前。瞬息颉颃天外去，空看落日照凝烟。

其二

晚眺城东水接天，鹓行肃肃蓼州前。夕阳影里高飞去，冲破平沙一道烟。

八月十三同布政张公游华亭山

轺车远远到华亭，山势嵯峨地更灵。筇竹烟笼凝翠色，桂花风过倍芳馨。身同野鹿游秋径，目送沙鸥度晚汀。更喜石边泉一脉，宛然韶濩奏天庭。

过乌撒军民府值雪

乌撒冬来雪满山，古云不下雁门关。拥袍公子犹添火，谁悼巅崖赤脚蛮。

百夷纪略

百夷即麓川也，地在云南之西南。东接景东府，东南接车里，南至八百媳妇，西南至缅国，西连戛璃，西北连西天古剌，北接西蕃，东接永昌。其种类有大百夷、小百夷，又有蒲人、阿昌、漂人、古剌、哈剌、缅人、结些、哈杜、怒人等名，以其诸夷杂处，故曰百夷。今作『百』或作『僰』，皆非也。

自汉以来，于我中国或服或叛，皆有土豪主之，不相统摄。元祖自西蕃入大理、云南，遣将招降其酋长，遂分二十六路、四十八甸，皆设土官管辖，以大理金齿都元帅府总之。事有所督，则委官以往各甸，冬去春回。

至正戊子，麓川路土官思可发数有事于邻境，诸路以状闻，乃命答失把都鲁为帅讨之，不克而旋。遂乘胜并吞诸路而有之，乃罢土官，各甸赏有功者。然惧再举伐之，于是遣其子满散入朝，以输情款。寝而不问。虽纳贡赋，奉正朔，而服饰器用之类，皆逾制度。元不能制，百夷之强始于斯。可发卒，子昭并发代为宣抚。八年，传其子台扁。一年，昭并发之弟昭肖发杀台扁而自立。逾年而盗杀之，其弟思瓦发代。壬戌冬，其部属答鲁方、刁思郎、刁发郎等杀思瓦发而立其侄，即满散之子今思伦发也。

洪武辛酉，天兵南下，犹负固未服。总兵官西平侯沐英遣部校郭均美往复招徕，于是不烦兵而纳款内附。朝廷推怀柔之恩，乃授思伦发为麓川平缅等处军民宣慰使司。洪武丙寅，复寇景东。明年，部属刁斯郎复犯定边县。上命西平侯总兵讨之，夷兵大溃，获刁斯郎而枭其首，始惧天朝之威而心服矣。上用羁縻之法，不加约束，听其自为声教，故官制礼乐之属，皆与中国不侔。其下称宣慰曰昭，犹中国称主人也。其官属叨孟、昭录、昭纲之类，总率有差。叨孟总统正事，兼领军民，多者总统数十万，少者不下数万；昭录亦万余人，赏罚皆任其意。昭纲千人，昭百百人，昭哈斯五十人，昭准十余人，皆叨孟所属也。又有昭录令，遇有调遣，则统数千人以行。其近侍名立者，亦领人户数百。皆听其使令，食其所赋，取之无制，用之无节。上下僭奢，虽微员薄职，辄系花金银宝带。官民皆以笋壳为帽，以金玉等宝为高顶，如宝塔状，上悬小金铃，遍插翠花翎毛之类，后垂红缨。贵者衣用纻丝绫锦，以金花金钿饰之。出入或象或马，从者塞途。俗以坐象为贵，以银镜十数为络，银铃钉为缘，鞍三面以铁为阑，漆以丹，籍以重裀，悬以铜铃，鞍后奴一人，铜帽花裳，执长剑为疾徐之节，招摇于道，自以为贵。其相见有合掌之拜，屈膝之跪，而无端肃拱揖之礼。长于己者，则跪之，有所言则叩头受之。虽贵为把事，叨孟见宣慰莫敢仰视。凡有问对，则膝行以前，三步一拜。退亦如之。贱见贵，少见长，皆然。侍贵人之侧，或过其前，必躬身而趋。

筵宴则贵人上座，僚属厮役列坐于下。有客十人，则令十人举杯，人行一客之酒。酒初行，乐作。一人大呼一声，众人和之，如是者三。既就坐，先进饭，后具醪馔。有差食不用箸。每客一卒侧执一水盆，食毕盥帨。凡物必祭而后食。乐有三，曰百夷乐、缅乐、车里乐。百夷乐者，似中国，学中国人所作筝、笛、胡琴、响盏之类，而歌中国之曲。缅乐者，缅人所作排笙、琵琶之类，作则众皆拍手而舞。车里乐者，车里人所作，以羊皮三五长鼓，以手拍之，间以铜铙、铜鼓、拍板，与中国僧道之乐无异。其乡村饮宴，击大鼓，吹芦笙，舞牌为乐。

无中国文字，小事则刻竹木为契，大事则书缅字为檄。无文案可稽，无城池可守，唯因高山为寨而已。无仓廪之积，无租税之输，每事于秋冬收成后，遣亲信往各甸，计房屋征金银，谓之取差发。每房一间输银一两或二、三两。承行者象马，从人以千百计，恣其所用而输于公家。刑名无定律可守，不施鞭扑，犯轻者罚，重者杀之，或缚而置之水中。非重刑不系累。

军民无定律籍，聚则为军，散则为民。每三人或五人充军一名。正军谓之锡蜡，犹中国言壮士也。锡蜡持兵器，余则负荷，以供所需。故军三十万，则战者不满十万。师行无纪律，先后进退不一。倚象马声势，每战则用绳索自缚于象上，悍而敌谋。军器少弓箭，多长牌与弩，以革为盔，铜铁杂革为甲。胜则骄堕争功，败则逃窜山谷。

驿路无邮亭，一里半里许构一小草楼，五人坐守，虽远千里，报在旦夕。公廨与民无异，虽宣慰府亦楼分数十而已。制甚鄙猥，以草覆之，无陶瓦之设。头目小民皆以竹为楼，如儿戏状。器皿丑拙尤甚，无水桶、木甑、木盆之类，唯陶冶之器是用。其宣慰用金银、玻璃等器，其下亦以金银为之。

凡一头目出行，则象、马、兵戈及榻凳、器皿、仆妾之类，皆随以行。动辄数百人。随处宴乐，小民苦之。

其俗男贵女贱，虽小民视其妻如奴仆，耕织、贸易、差徭之类皆系之，非疾病、年老不得少息。凡生子，贵者以冷水浴于家，贱者则浴于河。三日后，以子授其夫，耕织自若。头目有妻百数，婢亦数百人，少者不下数十。虽庶民亦有数十妻者，无妻妾之分，无嫉妒之嫌。

男子皆衣长宽襦而无裙。官民皆髡首黥足。有不髡者，则酋长杀之。不然者，众皆笞之，曰：『妇人也，非百夷种类也。』妇人则绾髻于脑后，以白布裹头，不施脂粉。自穿窄袖白布衫，皂布统裙，自行缠跣足。贵者以锦绣为统裙，其作甚陋。有夫而奸，夫则杀之。不重处女，其通媒匹配者甚罕。年及笄，听与弱冠男子通，而相得者约为夫妇。未婚辄引至男家，姑亲与濯足，数日送至父母家，方用媒妁，以羊酒财帛之类为礼而娶之。

凡子弟有职之名，则父兄受之自若。父母亡，不用僧道祭，则用妇人祝于尸前，诸亲戚邻人各持酒物于丧家，聚少年百数人，饮酒作乐，歌舞达旦，谓之娱人。妇人群聚击碓杵为戏，数日而后葬。葬则亲者一人持火及刀前导，送至葬所，以板数片如马槽之状瘗之，其人生平所用器皿、盔甲、戈盾之类，坏之以悬于墓侧而去，绝后无祭扫之礼矣。又有死三日后，命女巫剁生祭送，谓遣之远去，不使复还家也。民家无祖先奉佛者。

小百夷风俗颇同。

蒲人，青红布裹头，项以青绿小珠贯而系之，多者为贵，无则贱也。下穿花裙，身挂花套衣，膝下系黑漆藤数遭。妇人绾髻于脑后，项带青绿珠，以花布围腰为裙，上悬海玐带数十围，以娑罗布系肩上为盛服。跣足而行，涉水登山，其疾如飞。

阿昌，云南志作萼昌者。非男子衣帽类百夷，但不髡首黥足，及语言为异。妇人以花布系腰为裙，腰裹青花行缠。余如蒲人妇。

哈刺，男女色如黑漆，男子以花布为套衣，亦有为百夷妆饰者。妇人类阿昌，以红黑藤系腰数十围。

古刺，男女色黑尤甚。男子衣服妆饰类哈刺，以白布为套衣。妇人如罗罗之状。

漂人，男子衣服皆类百夷。妇人以白布裹头，衣短衫，露其腹，以红藤系缠之，娑罗布以为裙，两接，上短下长。男女同耕。

缅人，色异类哈刺。男子以白布裹头，衣白布大袖衫，腰系以白布为绞。贵者布长二丈，贱者不盈丈。妇人类阿昌，而披花布为衣也。

哈杜，颇类哈剌。

怒人，稍类阿昌。

蒲人、阿昌、哈剌、哈杜、怒人，皆归山巅，种苦荞为食，余则居平地或水边。而言语皆不通。

又有结寨者，以象牙为大环，从耳尖穿至颊，以红花布一尺许裹头而带垂于脑后，衣半身衫而袒其右肩。妇人则未详也。

居戛璃境上诸夷，风俗虽异，然习百夷所为者多。夷人无阴阳、医卜、僧道之类，事无大小，皆以鸡骨占吉凶。无推日月星辰缠次之书，不知四时节序，唯望月之出没以测时候。人病则命师巫于路旁祭鬼。

地多平川，土沃人繁，村有巨者，户有千百计。然民不勤于务本，不用牛耕，唯妇人用镢锄之，故不能尽地利。春夏多雨，秋冬多晴，夏湿热尤甚，冬日常如中国仲冬，昼暖夜稍寒，素无霜雪。春秋烟瘴居多，人病单热者，必至不起。若寒热交作如疟，可愈。

草木禽兽皆有异者。有草小穗而实，地方二三尺许，穗自结为一聚，染之，须臾至身，有此草处，烟瘴俱多。路旁大木多二干并生，高三五丈许，结成连理。鸡鸣无时，自更深鸣至彻晓，牝鸡亦然。鱼有鲇鱼头而鲤鱼身者。羊有绵羊头而山羊身者，牛有黄牛头而水牛身者，又有牛峰如驼者。市有热池一亩许，水沸如汤，人不敢近。饥者多以生肉投池，煮而食之。物之珍者，犀象、孔雀、鳞蛇、云母、琥珀，皆产其属境。

自金齿过蒲漂，将至怒江，有屋床山，乃云南界限也。高山狭，菁地险，马不可并行。过山三五里许，即怒江。渡河即百夷地也。沿河下数十里，上高良弓山，即今之通衢也。高良弓山路亦颇险，上二十余里，下一陡涧，复上三十余里至山巅。夷人立栅为寨，过寨复下四十里许，平地即养列驿，乃麓川江上流。过此则无险隘处矣。一路从怒江西上二日程，至滕冲府，七日许到麓川；一路从云南白崖过景东，从木通，至湾甸渡河入茫施，十日程到麓川。自怒江上流蒙来渡至景东，沿河小渡数十里处，皆可入境也。

按：元皇庆元年（1312）傣族小邦「勐卯」吞并周边傣族小邦，在瑞丽江河谷盆地建立联盟国家。「麓川」是汉文对傣族联盟国家「勐卯龙」的译写，「勐卯龙」直译为汉语是「大卯国」，因元朝曾在「勐卯龙」王城所在地「勐卯」设立过「麓川路」，故将「勐卯龙」（大卯国）译写为「麓川国」。

——李思聪《石林诗稿》（清光绪二十五年家谱刻本）

【明】邝埜

邝埜（1385—1449），字孟质，号朴斋，郴州直隶州宜章县（今郴州宜章）人。明永乐九年（1411），中辛卯科三甲第二十七名进士，授监察御史。历任陕西按察副使、应天府尹、兵部右侍郎、兵部尚书。正统十四年（1449）也先入境，宦官王振主张亲征，邝埜劝阻，英宗不听。土木堡之变，邝埜死于乱军之中。景泰初年，追赠少保。成化年间，谥忠肃。

训侄侗四首（并序）

正统十二年夏，侄侗自故乡来省。念吾弟早丧，唯存此子，幼失教训，是以于爱亲敬长处世待人之理，多不能晓。留此数月，吾既丁宁诲导。今乃告归，虑其去远遂忘，特体昔贤遗意，用俗语为诗数章，写以诫谕。若能遵吾此训，足为邝氏佳子弟，否则，非所望矣。其敬听之哉。诗曰：

勖尔奉尊长，殷勤在敬顺。勉力供使令，诚心受教训。长上或见责，切勿怀嗔忿。孝悌果能行，儿孙有余庆。

勖尔治家业，唯勤乃有益。男当力耕耘，女务躬纺绩。内外各能勤，庶不缺衣食。若然专懒惰，嬉游以度日。穷困不如人，虽悔复何及。

勖尔处乡邦，谦恭最为贵。勿生贪刻心，勿倚宦豪势。遇人必逊让，切莫争闲气。守此终不移，身家永吉利。

念吾祖宗来，累世有贤德。读书明道义，积善行阴骘。俾我不肖身，叨此廊庙职。任重才力微，夙夜每惊惕。恒忧怀颠跻，致累尔家室。尚当体吾身，家门共爱惜。常行必忠厚，举动戒横逆。人钦神亦佑，庶可保终吉。

——《〔嘉庆〕郴州总志》卷三十七（清嘉庆二十五年刻本）

【明】朱英

朱英（1417—1485），字时杰，号澹庵，又号诚庵、认真子，郴州桂阳县（今郴州汝城）人。明正统十年（1445）登进士第，授监察御史，历任广东、陕西、福建等地参议、布政司参政、布政使，两广总督。后授太子少保、都察院右都御史。卒后获赠荣禄大夫、太子太保，追谥恭简。著有《认真子集》《澹庵纪年》《诚庵奏稿》等。

乞恩给假祭扫疏

臣原籍湖广郴州桂阳县人，自幼孤苦，孝养无由，乌鸟之私，不胜朝夕。盖自成化五年，由陕西参政升福建右布政使时，得便一过原籍二十余日，匆匆祭扫之。后升回陕西巡抚甘肃，以至于今一十四年，不得再回祭扫。

尝因老疾屡陈情恳，未蒙俞允，此心恻然。臣思广东韶州府属仁化等县，与臣原籍密迩，往来一日可到。乡园咫尺，自难忘情。以朝廷托重一方，日夜尽瘁，不敢言私，今已七年。仰赖皇上德威远被，两广地方，视昔颇宁。况有总镇总兵为之节制，又有副参巡按为之分理，脱有紧急边报，旬日可到。臣窃自念，释褐筮仕以来将四十年，短拙所在，虽无裨益，亦尝尽心。但于所亲存殁养祭，愧负无限。虽幸录臣年劳，屡蒙恩及先世，然而改题告祭，不得躬行，又经三年满过，量蒙恩典，礼当告祭，须得躬行，庶为不负。且念先茔所在，荆榛荒落，寸土未加，乌鸟心情，郁结已甚。若再因循岁月不回祭扫，非但不孝之罪终难自赎，将来泉下何颜面亲？伏望圣恩广大，念臣孤苦，赦臣干冒，给假定限与臣，候今冬来春出巡韶雄府县地方，顺便一回原籍，躬行祭扫。毕日即回总府办事，使臣少遂乌鸟之私，再竭犬马之力，庶于臣子之分，两不偏废。谨具奏闻。

圣旨：准他去，事毕，上紧回任办事。

——朱英《认真子集》卷一（清乾隆刻本）

勉男守孚书

予猥以驽劣，冒时显位，愧负多矣。然功名事业，惓惓吾子者，岂有他哉？盖欲相与勉竭身心，共图不忝，以成家世而已。岂意春闱之捷，又寥寥无闻耶！夫取士至三百五十，贤路大开矣。天下知名之士，皆入网罗，主司公且明矣。而吾子尚不偶，命耶？学耶？

或者以为命，而吾独不然。姑以吾子所知予生平者言之：早以昏弱之孤，赖先妣教养，期在成立，自十五六遣入学宫，随时游惰，莫知所从人，莫不以为愚。至十八九，始知奋发读书，闲将《四书》流水诵读，题目不拘长短，每日学作四五篇，虽草于稿，即识于心。向之所谓愚者，渐日为之释矣。至二十二三，通将《易经》

题目，流水改作，不拘程文，截长补短，变而通之，皆为我有。辛酉赴乡试，初场七篇，皆夙成典雅。二场论表，皆窗下成稿。唯策学未详，初学用功未至，不偶而归。志力益励，自行严立程限，凡书之艰涩者，夜读之，平易者，昼读之。卧起以困省为度。每于早饭后，午饭前，定作课一、二篇，虽人事或误，于事毕之后，补作一篇。每题既作长篇，又分作短题，破承数条，附于左方，以备玩肄，久则与心为一，自然不忘。闲令同心知己，将书流水揭问，逐一应曰，此篇某人旧文，如何破作，吾今如何破作，彼此长短，随问而答，无一放过。且玩诸儒论注中，有可为行文之助者，记之不遗，可备对问之助者，汇以成册。如此日新，未尝或怠。尝从容斋舍，归省田园之间，优游厌饫，温习自若。当此之时，家贫亲老，百事无聊，薪水虽劳，齑盐虽苦，而庸人贱子，白眼相看者，不知其几？未尝一系于心而或怠者，志欲笃而业欲修耳。窃自念曰：『使人学近颜子地位，又何贫贱富贵之有？』如此者又三年，应甲子乡试，乙丑会试，场中题目，举皆平昔熟知见成，殆求什一于千百耳。信手挥之，晡即出场屋。何尝秉烛以待更深，唯以此取功名如拾芥耳。成宦之后，罔敢怠心，困学励行，至今犹愧。是皆吾子耳目所及，非为过矫激也。

以吾子之姿禀、识见、议论，皆过于我，独笃志读书作课，着实工夫，殆相远耳。汝虽三赴春闱，往返六年之间，所作文字，不满二百，可为矜式，程文嘉言成说，未尝留意记诵，随时扭捏，希冀侥幸，以此求进，何怪乎功名迟早，吾与汝之不同哉！大抵士欲涵养造就，务成贤人君子之事业为难，至从事章句，以希世取名，亦中人以下之资所常能耳。今吾子有可进之资，可大之势，既无饥寒之忧，又无身家之累，诚痛追前悔，维新另图，闭门谢客，寡欲清心，严立程限，经书传注，熟读详玩，买纸千余，装成课簿，每日自辰至午，将经书题目，不论长短难易，逐一改作，体段辞语，一效刊过程文，务要通畅，言必有据。毋事扭捏太简无文，破承尤宜切当，使人一见，不忍释手。破若不精，其中虽锦，主司未必入目。昨见会试题目，吾已知汝必为所窘。至于历科论题，皆为吾子拟定在册，惜未经手作过，寸晷向就，何以动人？策学、策海、史鉴等书，亦须留心熟玩，以助行文，以备对问。如此勤力，则心与理日相涵，身与心日相安，而所知所行者，日益深且固矣。三年之后，识见必高，学问必博，而文不惊人，名不魁众，吾未之信也。又况三场精熟，一理贯通，非但可以为文章，取青紫，即而推之，则凡所以穷理修身，致君泽民，而成贤人君子之事业，亦于是乎备矣。

嗟夫！昌黎大儒，尚三试礼部而不偶；梁灏饱学，亦八十皓首而成名。吾汝何人，敢求近效？昔人谓年少登科，大不幸，良有以也。慎毋安于小成，毋狃于近利，甘心人下以负先师，凌掌教训也。若夫尚仁于我犹子也，可以吾言示之。

——《［同治］桂阳县志》卷二十一（清同治六年木活字本）

【明】曾𬭼、曾介、曾全

曾𬭼（生卒年不详），字文载，郴州永兴人。明成化十一年（1475）进士。曾任浙江绍兴知府。长子曾介，成化十一年与其父为同榜进士，次子曾全为成化二十三年进士，三子曾念为明弘治十八年（1505）进士，有『曾门四进士』之誉。

苏仙观 曾𬭼

偶从杖履踏仙关，还爱孤云相伴闲。天地竟谁饶白发，蓬莱着我看青山。但收好景来敲句，不问金丹可铸颜。
行乐不知归路远，沙头杨柳月初湾。

——《［乾隆］永兴县志》卷十一（清乾隆十四年刻本）

八尺洪　曾介

棱磳乱石起回湍，雪拥洪涛八尺宽。眼底何人堪砥柱，挽回既倒此狂澜。

——《［万历］郴州志》卷七（明万历刻本）

紫井泉香　曾介

泉脉原从月窟来，香于兰桂碧于苔。濯缨每把源泉汲，不着人间一点埃。

——《［乾隆］永兴县志》卷十一（清乾隆十四年刻本）

雷　坛　曾全

怪石阁危楼，萦纡游碧流。松杉云叶滑，苔藓露香浮。卷幔青绿坐，看山翠染眸。试从方外客，何处觅丹丘。

又

绿柳垂江岸，携壶足胜游。竹怜今日饮，花忆旧时秋。坐久云生袂，归迟月满楼。风光俱属我，此外更何求。

——《［嘉靖］湖广图经志书》卷十四（明嘉靖元年刻本）

【明】崔岩

崔岩（1446—1522），字民瞻，郴州人。明成化十七年（1481）进士，历任户部主事，江西、河南布政使，都察院右副都御史，大同巡抚、陕西巡抚，以工部侍郎致仕。撰《九仙二佛传》传世。

九仙二佛传

郴阳仙传

郡人崔岩撰　何孟春、袁子让订　郡庠后学崔超、崔忻校

汉·苏仙传

汉苏仙耽，文帝朝桂阳郡人也。母潘氏家郡之便县（便县，今永兴县。后移居郡东鸭子塘）。尝于江边澼水，有五色苔浮于水，飏而去，复来，绕指者三。乃取吞之，既而有孕，诞真人（时惠帝五年辛亥七月十五日）。众皆异焉。母乃置之屋后牛脾山石洞中（山在郡东，今谓之苏仙山）。七日往视，则有白鹤覆之，白鹿乳焉（今名洞为白鹿）。复取归彀。既长入学，师欲为立姓名，令出门白所见。曰：适有担禾者，以草贯鱼。遂命姓苏名耽。耽事母以孝闻，居郡城东。尝遇异人授神仙术，能隐显变化而莫测也。日与群儿牧牛，真人所牧者，徘徊驯扰（平声），不驱而归。众号为牛师（见真人行状）。尝乘一白鹿，陟险如驰，人问何以乘此，曰：自然也（一作龙也）。又侍膳，母思鲊，真人放箸去。有顷，持鲊献母。问所从来。曰：适自便县市至（便距郡八十里）。时母食犹未彻（母曰：汝诓我乎？真人曰：市鲊时有舅氏在，请后验之）。数日后，舅氏入郡，乃云前日在邑，见甥市鲊，母始骇异。

真人每持一竹杖（众咸谓之龙杖），一日忽洒扫庭除，若有所待。家人问其故，曰：仙侣当降。有顷，紫气氤氲从西北下，有十鹤集其庭，形色声音皆人也。与真人语，款密如故。真人入白母曰：耽已成道，被命将升仙，

仗临门，不得终养，即刻辞诀。母唏嘘久之，曰：吾何以卒岁？真人乃留一柜，缄钥甚固，曰：几有缺，扣柜呼之，所需必得。慎勿发也。又明年郡人当有疫，可取庭前井水、橘叶救之（即今仙宅内井），庶几所资，亦助甘旨（《桂阳先贤传》谓苏耽后仙梅树下种药，可治百病。又《先贤画像赞》亦然）。语毕，幢节森列，出门，群鹤随之，迤逦升天，而异香天乐弥日不散（时文帝三年甲子五月十五日也。今沉香石上，有升天足迹存焉）。明年郡果大疫，百姓竞来谒母。母施以井水，无不瘥者。由是用度颇足。其或有扣柜，所需即至。众有疑，或请彻观，乃有鹤自柜飞去，后扣无复应矣。潘年百岁无恙而终，乡人殡于城东（即橘井后）。人望牛脾山，若有白马系林间，遥闻有哭声。郡守张邈率僚属往吊之，求见仙颜，出半面，光彩照人，又垂一大手，有绿毛长尺余。因谓守曰：山谷幽远，日暮难归。遂手掷仙经成桥，令众闭目而渡。少焉即抵城（行状载：邈众登桥顷刻至郡。有郡僚悄盼，人马俱坠。但见赤龙亘空中路，经日乃还。三岁后，白马亦不见。后号苏山为白马岭，居天下第十八福地）。后有鹤止郡东楼，累日不去。少年以弹中之。乃以爪攫板成字曰：风淅淅兮雨霏霏，城郭是兮人民非，三百甲子当来归。吾是苏耽，弹我何为？乡人漆其板而留之。今橘井之水有光发于水下（《郡志》：橘井取水置之有一点金灿烂）。又仙岭有石，俗呼为桃石者，剖之纹核如生。世传仙桃为真人所化。其神异类此（《酉阳杂俎》载：仙桃出郴州。苏耽仙桃。又《郡图志》：马岭山亦多虺蛇杀人，磨桃石服之可解）。唐开元十九年，诏有司饰其祠宇。时刺史孙会，因刻石铭厥美。宋大中祥符元年，敕赐第为集灵观。元祐初，有林愈过齐州章丘县，见壁上有丹书云：苏仙真人指东岳回过此。因留诗曰：东南闲望景清虚，万里云程半日余。因过章丘留此语，归郴重庇旧乡闾。视之笔法奇怪。越七年出守郴，始知郴有苏仙。仙之阴功默被于郴人者深矣。元符三年郡旱，请雨辄应。州上其事，敕封冲素真人。绍兴间加封普应。嘉定十五年，再加封静惠。是岁二月二十八日，忽有一鹤飞绕苏山，后诰至郴，乃于是日命下。其灵应如是。至景定十五年，再加封冲素普应静惠昭德真人。

何孟春曰：按《[神]仙传》又载苏仙名林字子立，周武王时人，家山东濮阳曲水（葛洪《[神]仙传》载苏林曾牧牛，亦有投箸便县市鲊及郡城来鹤事）。所称牧牛取鲊及化鹤事，委曲皆无殊。然山东郡邑，古今无地名便县者。岂非即吾郴真人，而椎川传之讹邪？其《传》中语不似三代间文字。又三代人皆手饭，不应有匕箸，然则苏公为郴人不疑。《搜神记》又载：辽东有丁令威者（记载：辽东华表柱，有鹤飞集，少年射之，鹤言曰：有鸟有鸟丁令威，去家千年今始归。城郭如故人民非，何不学仙冢累累。大意与苏鹤相类）。又《瑞昌图经》有苏仙山，以苏耽飞升于此因名。然[一]统志载在吾郡，彼亦当出讹传。今便县仙母山下有潘家源，意即潘母所居，真人降诞当此地。仙母未尝适人，何以又有居郴之事？牛脾山，郡城山也，距潘源八十里。而《旧志》云，真人生置之屋后，兹犹弗通。《志》固云苏仙，郴人也。岂汉时潘源在郴境内，抑后有讹传乎？或又传潘始许聘郴人，未行而夫亡，遂归执丧礼，事其姑以孝闻（见国朝邑人曾令记）。此一节，记者称《旧志》云。今考《旧志》实无之。若果然，则今郴城东宅，当是许聘其夫之宅。而居郴之事，屋后之说，无疑矣。桂阳县独秀峰《旧志》载，汉苏耽隐此。不知其为仙后，或未飞升之前，何年隐于此也。噫！龙知龙，仙知仙，苏仙天人也。古圣贤有不父而生者，而尘外事（按尘世也，儒为世，释为劫，道为尘）唯与为类者能识之。故予为补传，而特此以为世人告云。

汉·成仙传

汉成武丁，桂阳郡临武县北乡人也（郴，汉为桂阳郡，临武属焉。今隶衡州府），生灵帝时。少，不学问，有颖性。身长七尺，姿表出人，年十三为县小吏，疏节大度，不类世情，人多谓之痴。后县长遣至郡公干，郡守识其奇，侅非常人也。留之，因署为文学主簿，未经旬即以阁直上使委任。时郡守方严刑。武丁悯之，窃谓其行杖者曰：人同皮肉，何苦如此。曰：官方束泾，不如此安所自免。武丁遂令杖者以儀系鸡豚之血于杖头。每行杖，官见血乃已。郡人多阴受其赐（俗传丁为隶，用薄竹行杖，但太守严刑，无敢用薄竹者。且为隶与郡志不合）。后武丁被使至京，过长沙郡，偶夜不及投邮舍，宿于野树下。闻树上人语云，明日往长沙施药。翘首视之则二鹤也，心甚异之（按：苏耽得道群鹤集庭，其声音皆人。又按：徐佐卿化鹤，乃知鹤亦仙、仙亦鹤也）。天甫曙，武丁起往候于市门，果见二叟担白荳相随而行。武丁踵之，老人问故。武丁曰：知君有长生之术，特来侍从尔。老人相顾而笑，乃出玉函素书以武丁姓名视之，曰：君固当为地仙（按传记：羽化者为天仙，尸解者为地仙也）。因各与之药一丸，武丁拜受。老人遂与约后会，且耳语曰：君勿漏也。分袂而去。武丁即饵一丸。及还家，明叡倍常，万物毕照，虽兽声鸟鸣，悉能解之。尝与众人杂坐，忽闻群雀啁啾。起谓诸人曰：君知夫群雀乎？市东车翻覆米（事见《桂阳先贤画赞》。皆谓吾郡无车，疑当时亦用之）。盖相呼，往食之。众人相顾，咸以为诳，及遣视之，信然。众罔不惊异，问其故。则曰：我自知之（事见《一统志》及《先贤赞》。又按：杨宣守河西，有群雀鸣树上，因谓人曰：前有粟车覆，群雀相呼而食尔。行数里，果见之）。又太守因元日宴群官，使行酒，忽含酒西噀（一作以酒沃庭）。守有恚色。武丁徐进曰：适见临武失火，故假酒噀救尔。太守大笑。未二日，县令张济上书称：元日民间火时，天方明曣，忽东北有云翳日。顷之，雨大至，雨霈而火灭。救火者皆醺然作酒气，乃验为仙术也（事见《桂阳列仙传》）。太守因为丁就州西立宅。居二年，以老人之期至，遂谢归宅。复饵前药一粒，诏其弟曰：七月七日，织女渡河，吾当被召上为从事（被召：被上帝召也。按《一统志》：王玄可得道，忽玉帝遣羽东迎之。又李长吉善属文，忽一使持书至，曰上帝成白玉楼召君。为记）。弟曰：织女何事渡河？曰：即嫁牵牛事尔。言讫而卒（武丁被召事，见《齐谐志》）。太守自殡之。

葬数日后（按《[一]统志》：成仙葬于武昌冈），其友人从临武来，于武昌冈上，见仙君乘骡，正西而去（武昌冈在州西五里，一名白虎冈。冈有穴有岩，仙君乘骡从穴出登岩。岩上遗有骡迹）。友人问何之？曰：暂到迷溪即反。又嘱云：我行时匆匆，有旧舄一只，在鸡杙上（杙，埘也，鸡所栖也），大剑一握在户侧，为令家人收之。友人至其家，闻号咷声，且惊且告。家人曰：剑与舄俱入棺矣。于其处索之，果然。启棺视之，但有一舄一竹杖而已（按《[神]仙传》：张昭成卒，既葬，有鹤穿墓而出，启视其棺，唯有冠履尔。又：万振卒，启视棺中，一杖一剑而已）。众共异之，以白太守。守曰：其尸解乎？后至宋庆历中，有处士游东岳，谒主簿郭及甫。既坐，视其刺，乃罗道成。询其乡里。曰：郴州人也。及甫留饮。处士借纸笔书诗一绝，曰：因思灵秀偶来游，碧玉寒堆万叠秋。直上秦山高处望，根盘连接十余州。复自和曰：水云踪迹日闲游，夏谷阴寒冷胜秋。猿鸟性情犹恋旧，翻身却过海边州。处士辞，及甫遣人送之，至邸，又为诗一首付吏曰：白骡代步若奔云，闲游所至留诗迹。欲知名姓问源流，请看郴阳山下石。今武昌冈，石岩上有骡迹存焉。麓岩之左腋，郡人为立观，名骡穴观，祠之。今临武县之城东，亦有成仙观。

袁子让语云：按《齐谐志》七夕之事，其名为成武丁，而氏谱乃称罗道成乘骡行郴阳武昌山间。始疑其误。迨阅旧志至谒郭及甫视刺，亦曰罗道成。乃知道成之说，固真人仿梅尉变名意也。真人以骡成道，而世无骡姓，故假于罗说，不出此矣。太守为真人所立州西之宅，今不知其处。然考旧志，郡治西北尝有成仙观。则初为仙宅，可知及观。《〔一〕统志》：成仙葬武昌冈上。则真人之墓当在骡岩间矣。然郡东五十里又有罗仙山，谓丁曾骑骡其处，岂仙后事欤？元日噀酒事与栾巴噀酒救蜀宛然如出一手，是何肖之深耶？巴亦东汉时人，由吾郡太守入为公卿。计为守之时与真人之世不甚相先后，岂有所受之欤？噫！唯非常之人然后可以为非常之事，彼其道既相符，迹自相类。此彼异同之间，盖未可以胶柱谭也。

唐·范仙传

唐范仙伯慈，郴郡人也。少而持素，尝翩然有奋襶离尘之想，独以有父母在焉。慈事亲甚孝，虽跬步不离左右，父母亦爱之不能离也。忽一岁染沉疴，迎医调摄，屡岁不痊。父母色忧，慈亦自䠁[illegible]焉。偶有道士沈敬直造范庐，坐道姓名，因自述医术所治，亡不应手瘳者。范父出慈与之观，且丐之治，沈讶叹曰：是非世所谓疡疥也。字之于家，必无瘥日。如欲瘥，其从吾笻舄乎（笻，杖。舄，履也）？三稔而子愈矣。父母大说，即令拜沈为师。移日趣行，慈别父曰：吾师非凡人，儿苟有得，必当归报。父笑曰：儿岂意望如于吉事哉，去恙而足矣（按《[一]统志》：于吉得病疾，遇仙人授丸药，曰服此可愈疾，且可长生。后吉果仙去）。顾子此行非依得已，汝毋逗留他乡也。行一日，敬为慈患处，手揩[扌犀]之，寻饵之丹一粒。慈跽受服之，视其疴皆不见。乡人有道逢之者，见其神采仙仙，非复枯憔态矣。归告其父，衎然大喜。慈随敬入天目山（山在湖州安吉县）。居一庐，不五旬，病蹇悉除，慈亦自知其将有得也。徜徉名峦之间，或炼形山中，或对弈石上，或采药云间，凡服胡麻者十七年（胡麻，仙饭也。按：刘阮采药天台，路迷，见一溪流出，中有胡麻饭焉，取其食之。又按：控鸿仙人赐魏王子骞等十二人胡麻饭）。真人每出庐，必南向望曰，洞庭衡岳万里遥遥，白云之下其吾亲舍耶。每侍师论道，语毕，必询『吾亲安否』。师曰：汝父母固无恙，但道成乃可归尔。天宝十四年，师谓真人曰：子可归省矣。真人辞师，师与之一杖。一日而至其家，其父母尚矍铄自若。执人子礼，有加于初。所奉父母，皆非时所生，非地所产。问所从至，则曰未易言也。有所往，则骑杖去，一日千里。忽于野山中见地下光发，喜曰：吾可仙矣。握之，得石函书一册，因知辟谷之法，遂不复粒食。数年，父母相继捐世，慈守丧礼，建窆唯谨，庐墓者三年。后入凤梧山岩中，采药修炼（凤梧山在郡西北三十里），吸风露，食松柏，飘然自适，号所居为凤梧台，后即于此台白日羽化登仙。时郡人有经天目山游者，遇二道人采药。一道人曰：汝郴人可识范伯慈真人否？曰：知之。曰：汝可令即来，仙期在某日，勿再徘徊故土为也。其人领诺，征讼重趼而返，及抵家，已不及期，方释屦为乡人述之，则闻范已当期登仙矣。诰封玄一真人，山中丹灶至今尚在。

袁子让云：方外之学，从来皆弃父母，变名逃迹，以遂其高独。吾乡之范江念二人，方别而不忍去，既去而复来归，依然与苏耽蔡经一辙。其服勤就养即在吾儒中亦不过此，是非所谓方外而方内者耶？小传谓真人飞身于天目山，而统志载凤梧山。且曰范伯慈修炼飞翀之地，则羽化宜在吾郴。又按郡志：凤梧山距治西北三十里，真人丹灶尚存。而治东五十里又有凤梧山，亦谓为真人炼丹之地，亦有祠宇在焉。此两山者，真人飞举不知何属。岂其一偶同山名而后之好事者遂以误成之欤？亦或两山皆真人经足之地，而后遂并名之也。姑以质后之核古者。

唐·唐仙传

唐道可，郴人，生唐天宝间。性极慧哲，闳博过人，然素薄金紫，不肯就举子业。隐居陵谷中，山采芝芷，水捃菰蕈。瑶琴晚吹之余，羽肩秋蟾之下，常僻倪世人，以为莫及也。后遇异人授以仙术，非时难致之物无不能致之。里中愚鄙者，皆以为妖孽。尝盛夏溽暑，谓乡人曰：汝辈欲雨雪解炎乎？众曰：安可得？可乃持尘尾向上一挥，天风飕飗，四野云生，有顷大云瀌至，及三十里（按《一统志》：葛仙公玄每宴宾客，冬设生瓜枣，夏则致冰雪。又：明崇俨入见唐高宗，四月进瓜，盛夏献雪）。年至五十，丧其偶，止生一女，及笄，未适人，然亦抚之若子。凡有所往，则女为僮随之。一日谓乡人曰：明日有戱虎至，当各闭户避之。众尚未信，已而果然。可出詈虎，虎见可而伏。嚄啧命之去，虎咆哮而去。众始神而怛之（按《[神]仙传》：李长者道逢一虎，虎驯，人叱之起，虎乃敢起而去）。及年逾百岁，色若孺子。长庆初，山人杨隐之至郴，闻郴多孕仙，思得旦暮遇之，询及土人，则曰：吾乡有百岁人唐居士者，神幻叵测，其殆仙乎？杨趋诣其家，可与之促膝论道，意气若旧相知。抵暮言未竟，因留止宿。家贫无油，呼其女曰：客座无光，可将一下弦月子来。其女出片纸封一琴弦，贴壁上。可起祝曰：今夕有客，大赐光明。言讫，一室朗如张烛。杨心奇之（按《仙鉴》：景之当得道，或祈寒浴溪，或大暑暴日。所居，夜神光满室。又按《一统志》：孙传得道出入石间，如有穴中出，草木皆为行者，光照耀可数十里）。邻有翁子方蒙瞪起，见其光非烛，过视惊异。居士叹曰：不可对人言也。杨遂与谈内道，綦尽覼缕，直至夜分，罄泄秘旨，遗唐丹一丸。杨忽不见。后至郡北三十里一峻山中修炼。唐乾符二年九月九日，在山羽化成仙。（《唐仙女》、《郡志》、《小传》俱不载其所终，想当亦从公仙去）。在世春秋，凡百有四十岁（《唐居士小传》载，仙百五十岁。按：居士生于天宝，殁于乾符。天宝元年至乾符二年，当百四十岁。若作百五十，则生当在开元中矣）。今山中近泉处有丹灶遗踪，势亦颇巀嶪，今人谓之唐仙山（山在郡北路大溪铺之北一里而稍近）。

袁子让云：唐居士见访杨隐之事载《酉阳杂俎》，人以为异。然考其行事，风可生于麈尾，则月亦可挂于室中，彼其光风霁月诚自一身运之，而非济众所能识也。然唐之羽化不异于苏范王刘，乃跨升之地鞠为茂草，曾不得一宇之宫，以与橘井诸福地相颃。岂仙亦有显晦与是不？然古曰，人世尘垢也，碨垒标的也。仙上居阊阖，下游沧溟，固遗世而独立者，彼数椽之结遗于世者也，非仙之所知也。

唐·廖仙传

唐廖仙名法正，郴人也，为景星观道士（一曰名通玄。景星观，在今苏仙山脊，俗谓之中观）。幼从方外得费房刘根之术（按《[神]仙传》：费长房得异人术，能符驱百鬼。又，刘根有召鬼之法，太守史祝验之，果然敬服之），谈经演法，鬼耆神降。然性耽游访，行亦见重于人。当时贤士大夫无不得接逢掖之，儒亦争知其名。时有人为邪祟所侵者，觅符咒治之，皆不能痊，且愈以狂獗。已而倩廖师。师至，一见而惭恧以醒，即得如初。厥神如此，自是声名益重。咸通六年，懿宗皇帝召宣入朝行道术，有验，上重而留之，欲拜之官。廖师辞不受，因力求归。乃重馈遣还，师又辞不受。赐号玄妙真人。归过荆州公安野渡，渡有二妖，为人害阱，每兴波覆人舟（二妖，小传及郡志皆作二圣，然圣无祟人之理。大约山妖魑魅，水妖魍魉，疑不出此，作二妖为是）。廖师渡，方日暮无人，舟中流，水波溯湃，师恚然奋袂举伞劈浪，浪为之静，遂弃舟，赤足踏蹴水面，御风而过（至今公安渡赖以安全）。舟子惊异，知师非世人也。遂追随师，矢愿为僮仆。归至观，求传道法。师语曰，汝自当持素，我于此中炼丹，丹成，吾与汝分饵之。汝慎护吾门也。

师遂隐山岩不出（后廖师仙舟人为本观上神）。未几，师出游广东连州靖福山，结一庐居焉。居连，师少与人事，室中亦无所有，唯置一榻，简书数篇而已。后服水晶云母，不复染世味（水晶云母，仙家所服，古卫乡何姑皆服之）。服二年，即于其地白日飞升，今靖福山尚有廖仙羽化迹焉。说者谓师人品虽在佛老（韩文：廖道士溺于佛老），实为圣贤，非他吐纳丹赤者流也。师尝栖于衡山，韩昌黎游衡之麓，与之接谭，深器重焉。别时为序以送之（韩文有《送廖道士序》），称：郴居衡岳之南，当中州清淑之气，蜿蟺扶舆，其水土之所生，名材不能独当也，意必有忠信魁奇材德之民生于其间，而以廖师当之。又曰：廖师学于衡山，气专而容寂，多艺而善游。又曰：廖师善知人，其见重于贤士大夫如此。今郡西有廖仙岭，为师炼形之地，仙观尚存焉（廖仙岭在郡西三十里，土人相传谓师尝施屝屦于此，今并存之）。

袁子让云：古今诋仙佛无如韩子。然于廖道士独称廖师，甚厚誉焉。则廖之为士林推毂，岂徒在元牝婴姹之间耶。师被召入朝所行道术不见载籍。然以生平概之，疑亦治祟驱魔之事。靖福山升迹仙传称至今存。而按《连州志》载：靖福山乃谓梁人廖冲为郡主簿，后弃官修道飞升于此。与师同姓而事稍异。岂一人而传误与？抑两人而并仙一山与？存以俟后人之考。

唐·刘仙宜歌传

刘瞻，小字宜哥，唐平章瞻之兄，安贫好道，常总角不冠。其赋性僻静，不喜与人事，颇别于瞻。适有道士经其家，问知道否？曰：凡性饶俗，业应未尽，遽可强学耶。道士曰：能相师乎？瞻于是丫髻布衣，随入罗浮山。服神芝实，如梧桐子大，日一刀圭（芝实，仙药。按《徐福传》：海中有神洲，祖洲有不死之药，名养神芝，一株可活一人。又按：龙迷得神芝实，日食一刀圭后，二年仙去）。师因授以去三尸之法（按《酉阳杂俎》：人有三尸，上尸清姑，中尸自姑，下尸血姑。又按：苏林遇涓于授以除去三尸之法，卒白日飞升。又按：沈文泰、沈文渊亦以去三尸得道），逾月而道成。

初，𥌓与瞻俱读书为学，而𥌓性高尚，瞻慕宦达。瞻尝谓𥌓曰：神仙遐远难求，庙廊只尺易致，不如求仕。𥌓不耐从，谓瞻曰：鄙将逸于山野，尔将劳于尘俗，尔殆劣于鄙乎？后四十年当验矣。言讫拂衷而去。瞻笑而不答。自是𥌓入仙关，瞻登仕路，两不及晤。至咸通十一年九月，瞻以言得罪，罢相，出为司户，南行次广州韶台，泊舟江滨。有少年丫头布衣，冲雨而来，衣屦不湿，容貌可二十许。近视之，乃𥌓也。瞻已皤然衰朽，时又方为逐臣，悲喜不自胜，迎𥌓谓曰：兄何童颜至此哉？弟衰暮之年，与时枘凿，仅得脱江鱼腹中。以弟视兄，非翩翩然仙耶。𥌓执瞻手笑曰：弟唯不用吾言，以至于斯也。曩之言验矣。瞻益羡美，欷歔者久之，因谓𥌓曰：弟可复学否？𥌓曰：弟历荣宠，职燮阴阳，用心动静，能无损乎？仙凡霄壤，援无及矣。今来相诀，非来相救（按《[神]仙传》：茅盈得道，弟固方执金吾，弟衷方为太守，皆弃官归来见于盈。盈曰：晤何晚矣！纵得真诀，仙可成地仙耳。遂教之修炼，因各赠丹一丸，后皆仙），遂同舟行，话平生闲阔。一夕忽去，不知所在。后有人于罗浮见之。今郡东十五里有刘仙岭，岭上有台，号曰刘仙台，为宜哥飞升处，今仙观存焉。

袁子让云：神仙列传载刘𥌓真人事与郡乘同，向独以𥌓为平章弟，其讹传也。韶台相诀之语记于志传，果尔，则平章殁后何以有墓解之事？岂其为激语耶？抑其秘有不可尽泄者耶？虽然，瞻固无是心也。昔韩清夫尝学仙，昌黎叩其蕴，乃聚土开花出诗一联。公询其故，曰事久必验。后公贬潮州过雪蓝关，韩湘来谒，曰前事验矣。韩叔侄所言与𥌓兄弟彼此相似。岂𥌓与湘之智长而瞻与愈之行拙与？夫人间天上，固各有仙，彼以修炼为显庸，此以朝市为瀛岛。彼置富贵于尘垢之中，此亦付得失于浮云之外，未可仙凡论也。使愈而必湘，瞻而必𥌓，则宪宣两朝，谁为支撑哉！

唐·平章刘仙传

唐刘瞻，字几之，郴人。其先出彭城，徙桂阳。素慷慨，负大志。尝从兄瞖读书东山，偶微行，逢一道士，童颜鹤发，揖兄弟而语曰：仙家之僊禄似不如，汝昆季清姿丹表，非凡骨也，倘能相师，吾当成汝。瞖欣然从之。瞻笑曰：大丈夫得君行道，期不负所生，岂可效乔松之辈（王子乔从浮丘公游，后于缑山头仙去。赤松子，神农时雨师，闲游人间，汉张良尝从之），熊经鸟伸，无益人世哉。遂究心举业（见《刘仙小传》），寻举进士，博学宏辞，皆居上选。徐商辟署盐铁府，累迁至太常博士。迨刘瑑执政，荐为翰林学士，拜中书舍人，寻进承旨出为河东节度使，转中书侍郎。咸通十年六月罢徐商相，以瞻同平章事（见宋祁《唐书·刘瞻传》）。瞻立朝方正骨直，极耻规刓，处人言笑不苟。及登政府，好持大体，议论不避于群小，蔑有容。时上极爱同昌公主（公主郭淑妃女），适拾遗韦保衡奁赐过制，朝论颇不满。衡以此弄权，而路岩与为党，时人多避之，独瞻为所惮。十一年同昌公主卒，上臣痛悼，杀医官二十余人，逮系亲属至三百口众，皆伤尽。瞻数召谏臣言之，无有应者，寝论而已。瞻乃自进曰：修短之期，人之定分，公主有疾，医者岂不尽心。顾祸福难移，竟成蹉跌，累械老稚，物议沸腾，奈何以知命之君，而涉不明之诮。上不怿，瞻又与京兆尹温璋力谏。上大怒，叱出之。九月，赐罢以检校刑部尚书同平章事，为荆南节度使。贬璋为振州司马。（璋出愤忿，竟以药卒）韦、路素与瞻枘凿，至是又有公主之衅，故得蹈罅候间。瞻之贬，二人中之也（见《诸史会编》）。及璋卒，衡计瞻不可独留，语岩曰：刘相方系时望，不灭必然刘火如然，吾辈为煨烬矣。岩曰：不若以同谋倾之。于是谮瞻与医官韩宗绍协谋投鸩，语闻于帝。俄斥为康州刺史，命翰林学士郑畋草制略曰：安数亩之居仍非己有，却四方之赂唯畏人知。岩谓畋曰：侍郎乃表荐刘相耶？畋遂以责诏不深，坐贬梧州刺史（见《〔诸〕史会编》）。御史中丞孙瑝、谏议大夫高德，坐与瞻善，并贬岭南。瞻虽屡贬，岩等殊未慊，盖犹惧其得生还也。乃阅十道图，驩州去长安万里。再贬瞻驩州司户参军事。特命李庾作诏极诋，将遂杀之。天下谓瞻鲠正，特为谗挤，举以为冤。幽州节度使张公素上疏为瞻申解。岩等不敢害（见瞻本传）。懿宗崩，朝论共欲复瞻。僖宗即位，首赐衡岩等死。徙瞻康、虢二州刺史，夏五月平章事裴坦卒，瞻以刑部尚书召复，以中书侍郎平章事。瞻之贬也，人无贤愚无不痛惜，及召还平章，长安两市居民歌舞，皆携钱雇百戏迎之。瞻闻之，改期取他道入。及为平章，万宾皆墐，天下大怀。居政府三月偶饮于刘邺，归而卒。初瞻南迁，邺附于韦路，共相短之，至是邺大怖惧，遂延瞻置酒。瞻之死，人谓邺实鸩之。故《纲目》书八月刘瞻暴卒，讣下闻，百姓如丧考妣，悼悢之声闾阎皆彻（见《朱子纲目解》）。归葬于郡南三十里良田市傍，茔南向坐大鹅岭，左琉璃江（今人呼鹅公地者即相国墓也）。葬之明年夏六月，雷雨暴作，乡人见丛云之中，刘相乘而上。天少霁，往瞰之。其圹已陷阒其中。尸与棺俱解，唯一空冢而已（见《郡志》）。乾符末，司空郑畋自梧州徙郴刺史，见公尸解事，尝语人曰：平章立朝，气节风采，不慁权豪，已翘然有仙风矣。寻为公营其墓。公赋性清廉，自奉俭纳，四方馈献不敢至其门，有悬鱼留犊之风。累官至鼎铉，家尚萧零无第宅。其所得常禄及主上恩赉，悉以济亲旧之贫者，家无留贮（见《[一]统志》）。史称大唐平章，行己始终全洁，公为第一（见《刘相国祠堂记》）。公之被贬南行也，绘《三湘图》，示将老马。举朝士夫，各为诗以送之（今《郡志》尚有《郎士元赠刘相国三湘图诗》）。生子一，名赞，为梁崇政院学士（见《[一]统志》）。今郡东东山兴化寺（寺今废），下有丞相馆，即平章读书处（相馆今亦废）。郡治后亦有刘相读书堂。宋大观中，郡人于学前立祠祀之，曰『刘相国祠堂』，与三循祠并（今二祠俱废）。宋学士谭世勣为之记，具载在郡文志中。

袁子让云：晚唐之世貂畹并起，士大夫与时浮殇，垂首丧气，独公以正显，致身鼎铉，有休声，及上怒韩宗绍，举朝瘖嘿，公独抗疏，甘窜海滨。天下人无不想望风烈，大唐贤相如公者能几哉！独所可搤擘者，处韦、路一事，始不能显僇以消谗塈，既不能自审以投罟井。胡氏所谓有费祎待郭循之失，而无尚父宽朝恩之量是也。按统志：刘瞻亦作连州人，而别迹无可据。又考本传，实家桂阳。意连古隶桂阳，故并载之。与旧说所纪有谓公仙在暦之后助之前者，有谓居暦助最后者。噫！仙之事，有，不足为公多；无，不足为公少。大丈夫立人之朝，正气两间，芳名千古，岂必立通明［按《翼圣传》：玉帝殿名通明，常有红云捧之］、侍玉华［按《夷坚志》：方朝上帝玉华殿，殿有道士曰，子旧玉华侍郎也，不久当返］而后为仙哉！

唐·刘仙元德传

刘助，字元德，郴人，即瞻之弟。年十三四能诗，音律甚工，读书唯精意于《道德经》。然性綦仁孝，动遵矩矱。幼时与诸兄游，必雁行，不欲越步，食必取最下者，及长兄暦仙去，莫知乡往，益垂情黄老。尝结茅舍山林间，以不妻为誓。瞻谓之曰：以子颖秀，取青紫如探囊，何苦尔尔。曰：富贵草上露耳，不知养性，冢兆累累，虽王侯何益？孰与学仙可以长无穷乎！竟不听（按：助之言，根于章震。《［列］仙传》载震被周幽王诏，叹曰：人生富贵，有时而尽，何如学仙，以永世哉。乃从长桑子仙）。忽一日，有二道士访其庐，助与之谈，知其非世上人也，因师事之。二人秘传内养之术，更无腷臆，兼授以餐松服石之法。相处近月，乡人视其庐，有五色云笼之（按《一统志》：正道真居相台，常有白云覆其上，远望如百尺楼）。忽晓起，一道士出庐去，言入山采药。其一密谓助曰：采药者，汝伯兄暦也，偕吾来度汝。助抚然曰：某初见时，意固疑之。复叩曰：先生为何？道士左右顾曰：君但勿泄，吾王屋真人也（按《仙鉴》：王褒道成，上帝赐以飞飚之车。尽传仙术秘要，授为太素清虚真人，主仙籍，治王屋山）。助下拜。拜起，其人不见，采药者亦不还。助自此道益进，服丹饮气，绝粒食者数年。大中元年七月助卒（时念三日）。葬州北五里山，尸解去。九月十六日，瞻在京师应宏辞，西街遇一道士，骑白骡，丰姿奇伟，前揖而问曰：非进士刘几之乎？车尘市陌，何大劳如此。弟助，已为仙矣。瞻熟视大惊，偕之至公所，则忽失所在。后郴人蒋椿往陕西，见刘助从一道士策驴而行。助旧与椿识，相见不觉留盼。椿问助何以至此，助不答。又问：从者何人？曰：王屋真人也（助始得王屋真人授法，故仙后常从之游）。言竟乘云腾空而去。又瞻友人于湘潭县，亦与助相见。咸通元年八月十五日，务本坊光天观槐阴下遇白骡道士，助随之，瞻又见焉。及瞻谪官，南行九疑苍悟之间，复与助见。所仙解之山，崱屴独峙，在桂门之掖，今人亦名为刘仙岭。

袁子让云：相传宜歌飞升东麓，元德飞升西麓，尸解唯平章尔。而旧志载：元德亦尸解。及考瞻传附元德其后，曰元德年二十卒。则志载信不诬矣。然窃疑，仙之出，千里比肩，百世接踵。今兄弟而三之，何仙之众也。汉有三茅［按《列仙传》：茅盈茅固茅衷俱得仙道，后人称为三茅真君］，晋有三许［按《列仙传》：晋许逊得道，斩蛟登仙，从弟迈得鲍靓之术，亦登仙，从弟穆遇云林夫人度之为佐卿仙侯，世谓之三许］，岂世之为仙者以类相聚，亦以类相引耶？噫！鼎湖之龙［按《仙鉴》：黄帝铸鼎荆山，鼎成，有龙垂髯下迎，黄帝乘之上升，所从登者甚众］，公房之鼠［按《一统志》：唐公房合宅皆仙，六畜皆从，惟鼠恶其不净，乃三吐易其肠，竟得升］，刘安之鸡犬［按：淮南王安白日升天，所弃药鼎，鸡犬舔之，并得轻举。鸡鸣云中，犬吠天上］，拔宅皆仙。则兄弟三人亦未足多矣。按《列仙传》：茅盈弟固弟衷俱得仙道，称三茅真君。《列仙传》：许逊得道，斩蛟登仙，从弟邈从弟穆亦登仙。

唐·王仙传

王仙名锡，郴人，生唐宣宗朝。父王相素好仁义，喜施舍，尝造门持铎劝人为善。里人有斗争者，相至即愧解。生平惟持素，业医。始居郡西，后结庐郡东一山中。夫妇只生锡一人，中年而遭鼓盆，是时锡方离襁褓。相昕夕惟采药以济人，所疗活甚多，然不贪其利，只求种德而已。人多感之（俗传王相施药每早谢者阗门。相悉却其馈不受。众祝曰：公有子，愿登金殿。曰：野竖安得有此。曰：不登金殿，愿登蓬莱。相笑而谢之）。年老以无疾终，乡人以其慈爱方正，立祠祀之，称为老人祠（一曰称为土谷神祠）。锡生而孤贫，然标姿魁梧，才性亦俶傥，不类凡人。其持事秉公道，毫发不容私。里中皆谓王君长者，生子复如此。长袭父业，游心方外，得神术，每取药山壑，则毒虺猛兽随之若为卫护。有人遇之，则以气禁，蛇虎皆伏不动（按《[列]仙传》：彭宗有气禁蛇虎之术，必宗解之，乃能起）。后遇异人于山中，锡迎至其家而师之。寻传以秘书，且曰：天阍键钥，当善得之计。咸通十二年之秋，甘露当降于子宅，服之可上升。言竟，忽失所在。自是锡医业大进，服其饵者应手而愈。后奉郡差解粮至长沙郡，值长沙大疫，锡携一药壶至市，临门施饵，不受一钱，彻郡疮痍皆起，长沙人奉之如神明，以为庐仓再出也，因遂号锡为施药真人（旧传：锡施药长沙效如响，或久癖而立起，或已死而复生，或一剂而愈两三人）。归郴，居其父所修行之山，采药怀真，尽异人所授之道，后郡有疠，里人倩锡治药老人祠，服者皆愈，全活不可胜算。至咸通十二年八月一日，甘露果降于王宅竹林中。锡日餐松，夜饮露，不复火食（按《史记》：汉武帝好仙，有方士请为仙人掌，以承露和玉屑饮之，可以长生。帝说，遂作承露盘）。后栖隐于长沙山中，曰：长沙吾旧泽地也。居数年，供馈者络绎于道，然真人已不粒食矣。天复三年三月十五日，于其山白日羽化登天。长沙人以其饮露成仙，遂号为露仙。后即于其仙处立台，名露仙台焉。吾郡西南旧有露仙观，在露仙桥前（旧志图：观在旧社坛左，生西东向。旧社坛在义井东露仙桥，即今康家桥。按图求之，观当在桥南康太坊北，即今山川坛）。旧志谓为其人旧宅。不久废为云水道堂又废矣。老人山中之庐，后即其地建为王仙观，其所庐之山，后人遂以其名，名为王仙岭。岭头有泉流东北下，号为瀑布。乡人遇旱往请水，祈求，雨不爽期。迄今尚有殿宇焉。

袁子让云：古传甘露服之能寿。列子谓姑射仙人吸风饮露，理信然矣。王锡父子相代青囊，功在人寰，和气致祥，天降膏露，其仙不亦宜乎？按《一统志》：长沙郡东五里有锡山，为郴王锡仙隐之地，故名其山。郡志所载露仙台，疑即在其山耶？噫！郴有相岭潭，有锡山，父子所居，山川藉荣，亦可谓人杰矣。

郴阳佛传

唐·无量寿佛传

无量寿佛，姓周氏，郴程水乡人（程水乡在郡东北五十里，资兴县界）。母熊氏产师，有摩尼入怀之兆。生而頎面大耳，骨瘠如柴，标资异人。天性好定，自幼即出家，俗相传郡西开元寺为师披剃处。初参径山道钦禅师，自立禅关一所，设门扃钥，止留一瓮牖。昕夕跏趺其中，不间寒暑者数年。唐天宝末，辞径山之罗浮，披经悟法，得般若彼岸之理。尝从一高僧观于海上，高僧戏谓师曰：苦海无垠如是哉？师蹙然曰：是众生之所谓苦海，而菩提之所谓性海也。僧为之大愕然，坐师上坐而礼之。居数载，归省其母（按《小传》：师归省母，道程水，遇邻母呼其乳名。师矢之曰：得道不归程，归程道不灵。江边逢老妪，道我旧时名）。母曰：几年相别，形枯容悴。因杀鸡为黍食师。师不忍辞，承母命，尽啖之。母食其一跖。师食竟，趋至江浒出肠洗之。（按《[一]统志》佛图澄：左乳旁有一孔通腹内，时以絮塞之，过夜披筑，一室洞明。或有降泚，临江引腹洗之，已复纳入）厥江遂名洗肠（洗肠江，在郡东，其江层曲，亦若肠）至今常有独足鸡浮水面焉（鸡独足者，以母食其一跖也）。郡人建刹郡南香山（香山在郡南五里，旧有招提，今废。寺下有香泉，味颇甘冽），留师就为道场。地轻浮，居为之陷，因出游过衡州雁峰寺，苾刍者怪其形，不容止宿。师曰：既不许宿，可借行僮。众僧嗤之曰：行僮难觅，要泥塑金刚吾当奉汝。师曰：勿诳。以手指一金刚，倏然倒地，成一健僮，荷簦从师而去（今雁峰寺天王右一位，竟不可塑，每塑成，采绘竟不复自隤，后每塑竟不得加五采）。僧众大讶，相谓曰：近闻郴阳出佛，意其人乎？师行百步，众共追之，赶至渡头及之。众僧泣跽曰：吾等不识活佛，愿留回寺。师揶揄曰：吾是游僧，奈何言佛？众苦留不已。曰：五百年后，吾当归雁峰尔。以一袈裟并说一偈遗之。偈云：云游僧者悟真空，千佛袈裟万代宗。山寺众僧留不住，五百年中归雁峰。授讫，师杖锡而去（俗传：师后携行僮过渡登舟，舟为之震撼。渡者寻憾曰：子殆金刚？即言讫而行僮复傍为泥矣）。至德初，游至湘源，遂于湘山创净土院，居之（湘山在全州西二里，寺在山之阳，旧名景德寺，宋赐额报恩光孝寺）。天下高僧，从之者甚众。至会昌初，一日谓众比丘曰：大劫将至，僧当易衣冠。众曰：当若之何？师曰：是固无害。遂披紫霞衣，曰无量寿衣。顶青崆冠，曰真空法冠。将颐下肉成髯，挪顶上肉成髻。盖豫知武宗欲灭释氏教，故以此自异。又结庵湘山之覆釜山（覆釜山，在全州西四十里，今寺名光孝寺），自称无量寿主。谓从无量旷劫以来，有此主也。释氏唐武之阨，缁剃辈未有漏网者，唯师竟得免。永州刺史韦宙遣使礼请。翌日即至，四门各见其入。宙出道迎，唯见其一。其灵变类此者，不可具述（按《仙鉴》：轩辕集得道，凡民家请斋供者，离百余处皆分身而至。又按《一统志》：石坦遇异人授道术，能分身。同时指十余家）。大中时，还净土，不易衣冠，不去髭发，于咸通八年二月八日端坐而逝。时年一百三十二岁。五代时，以湘源多神异，改为全州。师真身在湘山，历代封为慈祐寂照妙应禅师，又号湘山祖师、万相主人、无量寿佛。华言无量寿，盖梵语所谓阿弥陀也（按：释氏有《佛说观无量寿佛经》，善道法师入大藏，信手探卷，得观《无量寿佛经》仙十六妙，现卒以此得解）。又号万寿念禅师。当元旦上堂有教众僧禅语，今传于世。语云：往复无际，动静一源。含有德以还空，越无私而回出。昔日月，今日月，照无两明。昔日风，今日风，鼓无两动。于其中间觅去来相不可得。何故？自他心起，起处无踪。自我心忘，忘无成迹。大众若向这里会去，与天地而同根，共万物为一体。若也未明，为你重重颂出。元正一，古佛家风从此出，不劳向上用工夫，历劫何曾异今日。元正二，寂寥冷淡无滋味，赵州相唤吃茶来。剔起眉毛须瞥地。元正三，上来稽首各休谈，若问香山山里事，灵源一派碧如蓝（禅语，出象教皮编）。师之宗旨，大概于此可见。

初，郡村中有怪人，尝放毒于乡里。师至其家，治而服之。怪人竟从师为侍者。（旧传，郡有怪人，持一物网人而食之。师至其家，母曰请避。师曰：无妨。怪人归，网师不得。师以袈裟覆之，遂归依。师后归省母，又食人。师长其喙，乃得不归）今人为肖像于师侧，号灵武天帅（此神极武，而祈辟多灵应。故号灵武，俗误帅作师）。师所生之地为周源山（山在郡东程水乡）。乡人即其地为师建刹二，一龙居寺，一广惠寺。佛母葬龙居寺后，岁时常有雷雨，为扫其墓。墓之左右地皆产方竹，里人多取之为杖。距山五里有牛岭，师尝结静室其下。母往省之。有顷，母渴，师卓锡得泉饮之。母饥，师扣石出馒以奉。今泉罅馒模尚在。又郡南万岁山，师曾坐定其石间。犹有盘踞迹存焉。

袁子让云：释氏西祖阿弥陀，东宗无量寿，屹然并立，为他道之孔孟。及读上堂颂天地同根数语，阐明无量寿之旨，西佛似不及也。师履历行状出入变化不可测。尝闻之：仁者寿，寿者静。静，故万物生焉。彼其肠可刳，肉可髻，形可四，泥可伻，岂幻也哉！唐武之劫，昙教远遁，师易形以免。先自称寿，盖其觉是以寿也。师又仁而智者也，万历丙戌湘山大师身就化，何前知觉而后知迷耶？噫！释氏之教，无相无人。一劫未灭，师所不欲。盖以身为寿，其寿有量；以无身为寿，其寿无穷。师之灭，师之所以觉也。师之所以为无量寿也。

唐·朱大师传

禅师姓朱氏，名道广，郴州人。夙性悟空。未丱弃俗礼佛，从师摩顶受戒，外仪轨则，内树道因。参关数载，渐得一身。住衡州参超和尚，执弟子礼，超之门，从者甚众。然朝笈夕呗昏住者多，圆悟者鲜。超于众僧之中知道广为菩提器矣。广师性极慧，闻一知二，然心亦专确，举动真诚，与众比丘别，超独重之。众僧谓同来参禅，独广将得真谛，无不怀愤。忮者发声征色，超亦稍知。一日谈经已彻，超对众僧曳禅杖顿地三下，无有解者。是夕，超三更时，大开禅门，唯广一人蹴而至，叩禅床之下。超密将铁箸画灰，尽传诀旨，附衣钵。即时潜奔。次早，僧众方知（按：《法宝坛经》惠能说偈之后，五祖潜至碓房，能万舂米。祖以杖击碓三下而去，能即会祖意，三鼓入室。祖尽传衣钵，能言下大悟，人尽不知，事亦相类）广师遂游南岳诸峰皆遍，仍归郡中，居开元寺。嘿无所言，如諠譳状。人问之，辄不答。唯厨中典作而已。一岁，州大旱，田禾尽槁，郡牧宿坛祈祷，夜梦有神，语之曰：今年上帝降虐，唯朱道广大师法可以致雨。郡牧醒，大喜，起求广道。则师已候门外矣（俗传：太守素师，师怂恿而出。僧众皆倒拽之。

曰：汝其病风耶？师曰：吾自支之，非尔所知）。郡牧迎入，坐之上坐。师谡曰：逞恶庸虑。呼雷致雨，吾法门余事尔。乃命置新磁缸五，实水其中，命童子五人，研墨倾缸内。倩太守以下皆素服迎雨。师中坐焚符，嘿咒存神。顷之，天云霮䨴四起，师遍体汗出，澍下如注。官士以下，白服尽黑，臭之皆作墨气。郡人皆惊愕，以师为非常人也。自是，师名益重，振锡出游。（俗传：师致雨之后，人争慕谒，然叩其蕴，师卒不言。里人欲为之立道场，师止之曰：吾楼正固，自有在。遂出游韶州）止于韶州仁寿台。郡丐者所居，与台为邻。丐者出，则强索民间。师甚恶之，乃止勿出，化令取结于己。每日持盂入城化米一升归就炊，以盂成饭，令丐者群食，取于中不尽。虽人数日增，皆得饫足（后郡中乏食者皆来就食，乞儿难之。师曰：同在吾县原无彼此）。天宝元年，韶大旱，郡守冯君雩祀，无应。师曰：吾食于人，旱魃肆虐当与人同病，竟诣溳武二水合流处正坐，水面溯洄而归。谓人曰：雨且至矣。俄而大雨。明年冬十月二日，膝坐瞑目而寂，异香盈室。今师真身在韶州西光运寺（在府城西十里）。后南海伪刘专制，游其寺，谥师曰辅圣。已复加证真寂罣禅师。宋元丰五年赐号寂通证誓大师。余襄公靖为作塔铭焉。后郴人往迎师真身，韶人难之，遂窃师之首以归。（按《坛经》，六祖灭后之六年，有张净满者，窃取大师首，归海东供养，事与此亦相类）藏于郡南之东海庵，以东海庵师尝为住持，故宫焉（庵在郡南西十里，牛头山之北，师曾住持于招提中。地谶有云：住牛头出王侯，住牛尾出禅师。语尚传于世）。因为浮图以识之。浮图在庵之左（朱师首在浮图中，前人游览皆得相觐。后有妇人观之，雷雨大作，石墐其门，自是观者多不利），至于今，天澄夜静，其中尚有击鱼宣梵之声。庵后石泉出于石罅，经岁不鲥不盈，千百人同时饮之不竭，说者以为师之灵异所致。

袁子让云：朱佛光运寺名等曹溪。乃《[一]统志》载：寺创自隋。其先为晋始兴内史王导故宅，则寺已在朱佛之先，师盖即是寺而为道场也。东海庵栋宇虽局促，然素着灵异，人每惮焉。盖师之功德济郴及韶民到于今称之。自非他阇黎空谈幻寂无益于世者，固宜与湘山而二也。

按：《九仙二佛传》选自清同治二年（1863）刻本。该本有『二神』之著录，然本书作者崔岩为明代人，编者查遍郴州康熙以前志书，未见有『二神』相关记载，至《[乾隆]郴州总志》始有记载。加之本书名为《九仙二佛》而非《九仙二佛二神》，编者推断，明代崔岩原著应无『二神』内容，『二神』应为同治年间重刻时后人补入。故此，编者没有将『二神』内容选编入本书。同治本未录袁子让注文。选编者参考《[嘉庆]郴州总志》，依《汉·苏仙传》何孟春注文格式，将袁子让文字补录于每段传记之后。括号（）内文字为原底本文字；方括号[ ]内文字为选编者所加。

【明】邓庠

邓庠（1447—1524），字宗周，号东溪，郴州宜章人。明成化八年（1472）进士。历任两广布政使、南京右都御史、南京户部尚书。有《东溪稿》存世。

东溪草堂（五首）

一

幽居地僻漫消忧，数亩田园为鹤谋。依槛竹排苍玉管，绕溪花绽水晶球。只须强饮渊明酒，还笑狂歌宁戚牛。野老欲归仍少坐，青山更看晚云收。

二

凿石依山小结茅，明时应有凤来巢。和烟瀹茗尝泉乳，滴露研朱点易爻。酒兴漫从花下醉，棋声闲向竹间敲。

吟风弄月皆真乐，却笑扬雄作解嘲。

三

草堂清兴动吟毫，寒雁书空锦字高。数亩天光溪荡漾，千峰云气雨萧骚。渐看嫩绿抽新柳，未放轻红缀小桃。更拟春晴可游赏，东山蜡屐岂云劳？

四

窃禄东曹荷宠偏，悬陈衰病赐归田。青山绕树依茅屋，红雨飞花洒石泉。暖日穿林披鹤氅，晴风临水泛渔船。宾朋载酒时来往，捻指流光又二年。

五

笑捧纶音下玉京，林泉萧散气英英。悬崖古柏寒愈翠，绕涧黄花晚更荣。苔径漫游新雨过，竹窗时看白云生。夜来还有趋朝梦，仿佛金门待漏行。

游艮岩（二首）

禅关金地自逍遥，石路无尘隔市嚣。白鹿鸣时瑶草绿，青鸾栖处碧桃娇。水潆罗带清堪掬，峰叠烟鬟翠可描。怪底田家惧未足，夜来甘雨洒天瓢。

春深碧草与溪齐，为爱仙岩远度溪。一鉴水光涵薜荔，半崖花影浸玻璃。珮声鸣玉风敲竹，彩色横林雨散霓。

豸史同游夸胜概，珠玑几度咏新题。

游黄岑山（三首）

一

北望黄岑一杖藜，翠微深处蹑仙梯。山连衡岳青霄近，路绕丫峰晓月低。滴雨藤萝遮曲径，飞花泉溜泻长溪。逃名谁结三间屋，半榻松云共鹤栖。

二

嵯峨仙掌倚岩幽，蜡屐乘闲作胜游。素练一行云外瀑，青螺几点岭南州。香凝芝草和烟采，花吐菖蒲带露收。安得御风腾八翼，更从海上望瀛洲。

三

山石孱颜路入云，松声风鼓半空闻。蟠龙翥凤千峰见，瑶草琪花两袖薰。赤手可扪天咫尺，惊湍如喷雪缤纷。题诗欲记登高处，细拂苍崖碧藓纹。

游蒙岩用前韵

蒙洞仙台路，隆冬宿雾开。苍穹瞻宝藏，石室映莓苔。兰蕊幽香发，梅梢淑气回。清樽欢未毕，松晚鹤归来。

——《［嘉庆］宜章县志》卷二十一（清嘉庆二十年刻本）

东溪草堂歌

山川灵秀宜阳多，黄岑千古青嵯峨。长溪潺湲出其下，苍虬飞绕城东过。兰台暂归览兹胜，诛茅结屋山之阿。林深地僻尘不到，悬岩峭壁云相磨。依稀桂林浣花宅，仿佛康节安乐窝。崚嶒斜磴腾禹穴，凤凰苞羽巢烟萝。傍山凿石立层阁，檐牙高啄扪星河。凭阑一眺两眸豁，遥峰削玉畦翻禾。山红涧碧纷掩映，庭松槛竹交枝柯。轻风萧飒四山起，天然幽趣闻鸣珂。人间六月不知暑，疑在蓬岛凌云波。忆昔髫年爱山水，揽衣涉涧登坡陀。有时赤足踏钓石，几度晞发攀烟萝。宦辙劳劳走南北，林泉恋恋或蹉跎。勋名钟鼎在何处，苒荏岁月须眉皤。乾坤偶尔值闲境，幅巾藜杖聊婆娑。深秋芙蓉灿霞紫，一日百绕池边荷。浑无俗氛翳襟抱，唯约文士同吟哦。当轩坐对消永日，濯缨一曲沧浪歌。圣恩未许教投绂，岭猿溪鸟如予何。

——《[嘉庆]宜章县志》卷二十二（清嘉庆二十年刻本）

【明】李永敷

李永敷（1461—？），字贻教，号鹤山，郴州永兴人。明弘治九年（1496）登进士第，官兵部郎中，弘治十三年迁兵部武选司主事。正德年间，因弹劾太监弄权，以忤逆罢官而归。创建石屏书院，主持撰修永兴县第一部县志。著有《鹤山集》《石屏文稿》。

[正德]永兴县志序

郡邑之志，犹国之史也。国者，郡邑之积也，故有史以会天下之全。郡邑者，国之分也，故有志以纪一方之实。《周礼》天官之属，设外史掌四方之志，其来尚矣。厥后，汉司马迁作《地理志》，隋虞世基修《十郡志》，宋乐史作《太平寰宇志》，皆是物也。我朝遇修大典，必遣史采摭四方事实，以备纂述。恒于志焉，取征关系之尤大且要哉。

永兴自元以前，志不可考，后亦未闻有曾作者。其略附见于郴志，郴志修于国初正统丁卯，再修于州守袁公均哲，纪载未甚备。况距今甲子又越一周矣。山川道里虽犹故也，而户口之登耗、民风之纯浇、赋役之省繁、物产之盈缩，与夫吏治之得失、人才之盛衰，生长其地，有故老已不能悉者，而况四方之远、异世之下乎？

余感于斯，窃念后之视今，犹今之视昔也。自昔无纪，憾已后遗失。今不图，责将谁诿？且年愈远事愈湮，讵不终为一大欠事耶？衷恒弗置而恒以冗夺。正德壬申之冬，毅然欲偿厥志。用是，搜辑残编，咨诹老长。凡涉永兴者，各以类附，订其所已收，增其所未载。务求散逸攒罗，幽眇张皇，以备一邑之文献。校雠之余，手自誊写，再阅月而稿始脱。为卷凡若干，用藏巾笥。嗟乎！九州虽广，读《禹贡》书而可知。外夷虽遐，观《异域志》而可见。兹志获就，则永兴故实如前所云，山川、户口、风俗、人物等类，一披卷举在目中矣。后有立言君子作焉，因略致详，推旧为新，又不亦有征也乎？第愧学寡识庸，未窥作者之门户，疏谬之失，则何能免。吾党之士或悯予用志之勤，相与补正而润饰之，俾成全书，以信今传后，庸非大幸欤！书此以俟。正德八年岁在昭阳作噩月极阳旦李永敷书于秋林书屋。

——《［光绪］永兴县志·旧序》卷首（清光绪九年刻本）

按：题目为编者所加。

桂阳州蒙泉书院记

浮梁戴侯录刺桂之明年，政通人和，窃自念曰：『古者自能言已有教，八岁皆入小学，养其纯一，端其志向，以为本原之地，功倍于大学，故曰「蒙以养正，圣功也」。后世则忽焉不讲。夫俗由化美，化由教兴，弗教人乃弗化俗，亦弗克美，治不古逮，厥有由哉！』既又念曰：『唯郡有学职，教事有官，法亦备矣，然柄掌于提学宪臣，私入者禁，而教且弗专，匪幼学所宜，吾将谋之。』一日，览舆地图，得废廨一区于城南学宫后，喜曰：『吾谋济矣！』乃薙草莱，斩材木，前后为堂各四楹，名其前曰『养正』，后曰『省私』，西偏建井亭，缭以墙垣。前为大门，扁曰『蒙泉书院』，以右有井，甘冽殊异，与《易》山下泉蒙之义合，因以名，集民之秀者，若而人而愿游者不限，敦延明师，俾主教事，定为日程，用示约束，晨集必序揖，习礼度也；退各就读，课仿课讲，务学业也；五日一试，第优劣，施夏楚，警游惰也；朔望诣学讲圣，谕歌棫朴等诗，正心术，养性情也；月终必躬考校，验进修也；春夏季终行冠婚礼，秋冬季终行士相见礼，谕习俗也。而玩愒者有罚，暴弃者有罚，父兄纵弗戒者有罚。然又虑夫师生之廪饩无所资，将久而废，复置田若干亩，学正刘子学、训导欧阳子至韪斯举也。思有以张之，且谋垂之久远，乃命庠生王秉元走两日程，乞言于李子永敷。呜呼！自小学之教弛，而蒙养之功缺，于是加带袂拘之仪、负剑辟咡之容，与夫爱敬揖让之礼，懵然未习，而一切苟简以趋文艺之末，士鲜全行，乡乏善俗，固其所也。然则书院之建，非知务之君子，孰能嘉意于兹？自是子衿子佩，以游以息，诗书以启之，礼乐以陶之，日渐月摩，由小学之始，以收大学之成，行修德崇，骎骎乎，圣贤之域，而美化淳风，有弗难矣！若夫吐词振藻，取高第，跻膴仕，与诸郡争雄长，又余事也。噫！戴侯所以嘉惠桂人者，夫岂小哉？

——《〔康熙〕衡州府志》卷十九（清康熙十年刻本）

【明】何孟春

何孟春（1474—1536），字子元，号燕泉，郴州人。明弘治六年（1493）进士。历任兵部主事、以右都御史巡护云南、吏部左侍郎、代署吏部尚书，因进谏而被降为南京工部侍郎。后削籍归里。去世后追赠礼部尚书，谥文简。何孟春一生著述颇丰。

咏花鸟诗二十首

梨　花

韩诗西郭成千树，苏句东栏仅一株。吟罢何须两惆怅，未消春色在头颅。

兰二首

贞操知非众卉群，秋风在处有奇芬。谁知幽谷无人到，鼻孔先曾十里闻。

忆得江头采佩时，为渠珍重赋猗猗。化工移植今何处，长有香风绕笔吹。

鹦　鹉

去陈夸俗费精神，识字应无快活人。飞鸟何须巧言语，金笼不得自由身。

杜鹃

春来口血有新盟，归去无如是力耕。不识今谁劝农使，几人阡陌解循行。

乌

从桂堂前好树枝，择栖兹地最相宜。家人慈孝由天性，八九皆为反哺儿。

鹊

喳喳声里众皆闻，喜事谁能与众分。此日吾皇在关外，一时归凯贺三军。

鹧鸪

出门西笑足能轻，九十前头百里程。休道老人行不得，路当行处也须行。

鸲鹆

牛背偷骑出远村，蒲觞饮罢学人言。山中旧侣应相笑，有舌如何不自扪。

莺

谁将鼓吹借行春，老去诗肠不恨贫。一曲试从花外听，又如幽谷有佳人。

燕

社雨和泥贴画梁，泥干犹带百花香。今年巢比当年阔，合向谁家产凤凰。

黄雀

世上人多妒妇情，凭谁一脔代鸮羹。苞苴不向当时兔，颗蒜犹堪万里行。

白鹇

双璧谁将置两雏，羽毛浑是雪花铺。侬家命服裁宫锦，十五年前作大夫。

雁

潇湘西上是吾家，衡岳峰高去路赊。两字平安托谁致，莫从中道落平沙。

雉

小羽亲依帝衮光，名翚曾绣五文章。年来不贲思无色，应向周家献越裳。

啄木

求蠹林间日几回，啄长三尺怒如雷。汉家有蠹君知否，司隶当年破桂来。

鸠

明日阴晴未易明，晴呼雨逐竹么声。平生不暂轻离别，却是鸳鸯最有情。

鸬鹚

一种胎生不作仙，却名乌鬼趁渔船。江头斜日星风起，多少成群晒翅眠。

鹭・鸳二首

漫天画与信天缘，较量身心果孰贤。性命从来须物养，闲忙休束议渠前。

秋水为神玉骨清，此雏元不姓徐卿。素衣肯受淄尘涴，常在沧浪伴濯缨。

——何孟春《燕泉何先生遗稿》卷三（清乾隆二十四年刻本）

按：标题为选编者所加。

燕泉记

郴城南之西，有燕泉者，在桂林坊东。而泉仰喷砂石间，寒冽而甘，四时不涸，傍泉居人取汲焉。谓之燕者，春燕来时，泛滥东流，合三川水，过游鱼案，入通陂堰，有灌田之利。燕去则否。南天秋雨多，燕之去，泉与农无功矣。

宋折彦质谪郴时，所居考郡志，殆即春所居之地。折寓郴号葆光居士，尝作引春亭于泉上，为流觞曲水。

又作春和堂，日游宴其间，今遗址具存。春顷就故居之南隙，展凿一塘，得青石数段，合之则昔人之所为流觞者，其折之遗物欤？

塘引泉流，种荷养鱼，自春徂秋，弗盈弗缩。方兹泉之急田利，春不敢专，及其剩于农也，春独有之，而人不以为嫌。春故于兹泉号是托焉。昔人所有亭堂觞咏之乐，宛然在目，第欲效其所为，而愧其力之弗能举，且弗暇也。

家山别后，重怀邱首，简诸知己，各著文诗，庶以名泉，有永云尔。

义帝祠记

吾楚于春秋弗与也，然六国之灭，言者以楚最无罪。岂齐晋诸君不足惜亡，且若怀王之为民痛念耶？怀王之昏庸，过听轻行，固秦所诱弄，齐晋所递笑所宜然者。而民特怜之，嘻，不怀王故矣。田氏代，韩赵魏氏分齐、晋，非夫旧脉。唯楚由颛顼溯鬻熊而迨怀王，其统未之奸也。齐之田，晋之韩赵魏，国皆不义。嬴秦续吕得天下，重无复仁义焉。义之名，楚可丁耳，虽在春秋，必将楚与。呜呼，此六国之灭，所以楚最无罪，而民特怜之，此其亡秦必楚欤，此其陈胜不立楚后以败，居鄛人立楚之后之言，拳拳为楚世将劝欤。

怀王孙心复为怀王，从民所望，义所当矣。秦亡楚帝，则天下自此有归。项籍知尊名乎义，而心出于诈，命尊不用，江南之逐，旋杀于郴。羽其时，虽犹冒楚之禄，已和不可姜虔，籍斯不可姬统。而已奸，一死复仁义，天下负羽以不义之名。义之名于此乎归于汉始。

鸣乎，汉欲不兴，楚其欲不灭耶。以涉而势乃不长。既帝之，又弑之，狐埋狐搰，长如何也？楚之所以帝者，楚之义也。羽杀义帝，是羽自堕其义，自以其不义而自灭其楚矣。今羽之言，以为『吾家所立，非有功伐』，夫何以论功伐为哉！顾此吾家主，凡吾奉主行事而已，而谓其主之无所服役，至忿戕乎主，擅主之家，则凡同吾奉主行事之人，孰肯忍吾傒然而主乎家也！

呜乎，汉欲不兴，楚其欲不灭耶。汉鼓大义之名，义不以力。董公之说行缟素三军，于是乎？得以击楚之杀义帝者。向使其义帝之名已尊，大统已定，高材疾足，得鹿以献。羽其所称霸，犹春秋桓文义，俱天下诸侯以朝盱眙之都，芈（音弭）庙世楚，吾家其不为有主乎？悲乎！居徙上游，逆成黥布，成以楚灭，徙以汉兴。九江王纵未叛楚与汉，而义不义，已潜归于此。义与不义，其为兴灭要如此哉！

吾观楚汉相距之际，疑汉败楚之难，虽然吾不能尽许汉也。隆准公新城发丧，袒哭三日，义兵加贼，何以向而足诛；而爱于彭城，置酒交会，销感激流涕之气；遣隋何私约九江王用杀义帝者，而击楚之杀义帝者，此不足为名矣。是以睢水荥阳，几临危绝，汉难于楚，其义之未甚奋耶。呜乎，楚之未即灭，汉之未即兴，其义之未甚奋之过也。吾唯深悲夫义帝，故因论义不义为兴灭之机，遂有暨刘项之事而反复之。

悲乎，刘项于义帝，事等北面。义帝生存之时，尝为帝矣。作史者曾无楚义帝纪，楚世家又不缀其事，始末不具。始云在民间为人牧羊，不知何人，踪迹之何地；方立之之时，不知其年；方杀之之时，不知其敛葬之礼；身婴利剑，冤缔蛮疆，冢切空城，魂萦宿莽。方汉正位之时，其遗官临祭，分户奉守之举，不得知其有否也。嗟夫，悲乎，亡秦必楚，楚最无罪；秦亡楚帝，帝楚之义。涉楚乎？怀王之未立；羽楚乎？义帝之已弑，楚而西，楚之逆也；楚怀王孙心为怀王，之为义帝，楚之义也。义楚以首汉可也。而史不然，首逆楚于本纪，首伪楚于列传，于义楚不列之纪传之间，其梗概略附注之刘项之事，此吾暨刘项之事而反复之。所以论义不义为兴灭之机，而重致辨乎伪逆。呜乎，义动人心，为人所怜，楚人立庙，延祀永年。生存之乐无几，而祈报于郴阳者，何绵绵也。

垂黄旒兮被元服，映纮綩兮夹华毂；神倘恍兮渺迷，尚低回兮倏曶；镗兮伐鼓，扬兮合舞；神俯虔兮来肆，升醪兮荐脯；阴旗兮欲举，灵马兮嘶风；何路日暮兮幽扃，绿烟兮北渚。呜呼，悲乎，孰究我辞，揭之于庙，镌之于碑，为吾楚人，堪痛念兮。弘治辛亥秋，孟春自京归，谒义帝祠，环步其冢，声兹久之，援笔书。

——《〔嘉庆〕郴州总志》卷三十五（清嘉庆二十五年刻本）

濂溪书院记（节选）

吾郴在宋称军州，所隶有郴县焉。春陵周濂溪先生，尝以南安军司理被荐为郴令，则郴县是也。先生又自郴改桂阳令，桂阳亦郴所隶县也。若洪、若江、若合、若处、若永邵、若广中，列郡则并郴，又先生所历仕之地也。而永邵与郴枧春陵独为乡国。先生两令郴，则仕郴为独久。史载先生为郴令，治绩尤著，则郴之感沾德化为独深。

呜呼！郴而专祠以祀先生，岂不宜也！宋宝祐中，郴有像先生于文庙偏者，续有辟之为精舍者，蔽其人知务哉。然自绍兴之初，直阁向公春建祠之后，凡先生历仕之地，嗣守人无不尸而祝之，争焉记朱紫阳以阐先生之学，以表尊奉意。而郴是时曾未闻，其距宝祐则邈于他处几何年矣。郴之祀先生，不获吾紫阳之记，吾后人已不能不驾恨其时。奈何入元以来，郡罹兵变，乃举精舍而复亡之。其址屋于民间，绾章符者莫之问焉。而奠先生于社，社祭征乡先生，如之何其可也。

迩弘治甲寅秋，湖臬佥宪宜兴吴公淑分巡南道，所过郡庠，咸入整饬。洎临郴，郴众庠生聚首计曰：『礼崇圣贤，我辈素志。今遇明公注厝如此，复濂之祠斯其际乎！』乃共含语面公欲吐，而公适讯及。遂为根出地，偿居氓以官值，即其宅拟名书院，移置先生神位其间，而诿郡守钱塘陈君常，以书院规模之弗度，罅漏之须完者部工修葺。郡守承令，夷荒拓地，饰陋为新，亭构养心，池开爱莲。冬季功讫，以告公。公办香往谒祗祠，回两阶，集众庠生谕之曰：先生之祠不已复乎？复之，则余与若郡守力也。若其亦思有以学于是焉！于先生之学思有得焉，庶祠不为虚复。众庠生拜诺。公少却睨祠左方，视郡守曰：此堪树碑。其砻石已，乃走伻，属乡人何孟春为记。

——《何文简公集》卷十二（明万历二年刻本）

观戏说

何子爱观南戏，不论工拙，乐之终日不厌。或曰：『子大观古今，而于是戏之观何取焉？』曰：『吾取其升而不荣，黜而不辱，笑非真乐，哭非真哀而已。』昔魏文侯之养生，得之于解牛；张旭之草书，得之于舞剑；宋元君之画史，得之于磅礴；司马迁之《史记》，得之于游览。是皆见之于彼，悟之于此者也。余于观戏，得处世之道，顺逆之境交于前，不为置欣戚焉，谓非有得于戏哉？呜呼！古今能观戏者鲜矣。

——《〔嘉庆〕郴州总志》卷三十六（清嘉庆二十五年刻本）

【明】范永銮

范永銮（？—1534），字汝和，号苏山，桂阳县（今郴州汝城）人。明正德九年（1514）中进士，任江西贵溪知县。正德十四年升浙江道御史。后任福建按察司副使、提督福建学政、陕西兵备副使、河南按察使、四川右布政使。年迈辞官回乡，卒于家。著有《燕射古礼》《天心仁爱录》《名儒警语》《大学衍义》《律例解》等。

桂阳连珠岩记

连珠岩，旧名洞灵山，距县治十里许。相传岁旱祷于潭下，能兴云雨以利于民，故以灵得名也。环山左右皆平原闲旷，突然奇石峥嵘，亭亭渐渐，负土而出，或起或伏，蜿蜒相续，如贯珠然。而今之名，亦以此也。四山环拱于外，一溪屈折于中。丹崖翠壁，千态万状。其大略则皆石板平布，而其覆于前者尤最。青渟泻玉，林杪生寒。计其广亩许。汲其泉可以濯缨瀹茗，击其石作钟磬声。古好事者为佛像，环列上下，凡治浮屠者，皆得居之。其后有石径，可容一人伏而入，四周皆石壁，中有潭，潭光澄澈，金鳞游泳，韬涵太虚。又缘壁中通自西北入，槎牙清冷，滢滢洋洋，景象奂然。大约与前一状。又进，有石牛伏于下，若经斧凿而成，惜其径幽冥晦，必以火烛之然后可瞩。过此则人迹少到，不可得其详矣。珠岩之胜为邑之最者，此其大略也。

今岁春三月，刘侯经以名进士试政，五月，余刑简化，洽有和平之渐，苏山子偕年友邓君皋，携酒烹蔬，邀侯出游是岩。时则吴掌教洲聊、司训珠乡先达，朱通府守蒙、朱上舍斌乡、进士何君广、欧君绍说、朱君瓛皆与焉。我侯之至是也，设燎举火，无所不到，心凝神释，敛兴就席，喟然叹曰：珠岩异态举在目中矣，诸君怀抱利器，其将何所建白，嘉斯会之不偶乎？既而合席交欢，倒囊倾悃，杂然并陈。或言先忧其忧而乐其乐者；或谓满堂燕笑无使向隅有泣者；或以为大盗蜂起，劫掠日滋，卖刀剑买牛犊，责有所归者；或以为大丈夫得时行道，当磊磊落落，虽跌挫撼顿，无以祸福为顾虑者；或又以为崇节俭劝廉隅，又必慎终如始，令名无穷者。侯皆不让，醉而归。

越三日，具其事谒苏山子于凤冈别舍，索文买石刻之，遂记其事如此。

——《［嘉庆］郴州总志》卷三十五（清嘉庆二十五年刻本）

【明】刘尧诲

刘尧诲（1521—1585），字君纳，号凝斋，桂阳州临武县（今郴州临武）人。明嘉靖三十二年（1553）进士，历任江西巡抚、两广总督、南京户部尚书、兵部尚书等职。著有《虚籁集》《岭南议》《凝斋文集》《留垣吟稿》等传世。

治河议上

国初宋公礼开会通河，沿元人旧渠，自安山以此入于天津，渠道尚可循，所有功力不费。礼之功在漕河者，唯南旺湖及济宁天井闸以南而达于淮。其利益国家而功倍于故元者，初，元人止导汶水而障堰之西南行耳，礼引沂水、洸水入于泗以会于漕，又引邹县之渊源泉九，引泗水之下庄泉三十，入于泗，引蒙阴之官桥泉四，引曲阜之柳清泉十八，入于沂，达于泗，同汇天井闸以成漕渠。又开浚南旺湖，周回百五十里，汇平阴、泰安、东平等泉百，而设南北闸以分流之。北入安山旧道，南过济宁会天井闸诸水，下徐吕，同为淮河入于海。故我朝漕运止藉山东诸泉，而不敢引大河以为利也。山东诸泉亦自足以润徐吕，而成漕渠可以不求济于河也。至正统戊辰，黄河决张秋，害及运道，以后渐引河入徐沛。弘治六年河徙黄陵冈、决张秋，夺汶泗之水东行而运道阻绝，当时议者主于上流分杀河势，既凿孙家渡口，导河南入于淮，又开赵皮寨口，导河入亳泗，归宿以会于淮。又疏贾鲁旧河由曹县梁靖口，出徐沛入运河，过二洪以会于淮。于是二洪藉河势而为厉也，第上流既分，大势自弱，徐沛之间，虽有河患不甚。以后治运河者，渐失国初作者之意，导口既塞而支流未分。会全河之水以入于徐泗而议者乃曰治运河亦过矣。夫运河何忧不治也，我成祖亦未尝以其忧贻后人也。导河入徐吕而数逢其害，此是后人失策。今唯求其所以害运河者而远之，固所以全运河也。又何治焉，近者工部朱尚书以黄河侵啮，沛县切近运河，乃徙运河而东五十里以上，接于济而不通于徐，其意主于远黄河也。可不谓知耶？然愚以为当以黄河远运河，不当以运河远黄河。以运河远黄河，则凡黄河之所能至者，皆当远而避之，此不东走海南走山耳。故以起胶莱之议而有泇口之役也。矧所避者，止沛县数十里耳，而徐邳四百里之河患固在也。以黄河远运河，则上流归德兰阳赵皮寨口，原系河流入涡淮故道，去其淤积排决之耳，无有泇口之斩山焚石也。顺其去势利导之耳，无有胶莱之穿渠乱海也。计不出此而亟亟垒堤以障河，愚以为黄河至于徐邳，如大军既败而溃，虽有善将，势不能制约。虽有铦锋淬刃，势不能使之就行伍也。故令筑堤以防河，无以异于衔木以填海。尽南山之木，无益于海。则尽徐淮之土，亦无益于河。且所筑之堤基，广二丈、崇七尺，势不能加矣。徐邳每至伏秋之时，白浪如山，拔地数仞，虽奔雷倒海，不足以喻之，奚但悬水流沫而已。则大堤尺土，实以决其怒而恣其暴也。昔师丹有言，按经义治水，有决河浚川，而无堤防壅塞之文，是得《禹贡》遗意，而于今尤为对病要语。

——刘尧诲《虚籁集》卷一（清雍正六年续刻本）

形影互诟文

形诟影曰：焉用此籧篨者而与我先后乎？我出户而即见尔，我举步而尔即随之，是尔得我而行也，恃我而立也，待我而息也。我尝登陟于天柱之末，俯视一世，自谓莫予京也，乃见尔于其巅。又尝乘流而棹于渤海之波，自谓绝尘离物矣，又见尔于其侧。秋夜澄霁，方拥袍策杖，将寻溪渚苔矶，而静观守独，无奈尔之相袭我也。尔之亲我，又不谓密耶？然我尝藜藿不充，枵腹而馁矣，尔之轩轩于后者犹是也；我尝蓝缕百结，见肘而立矣，尔之沓沓而偕者犹是也。我尝跋涉险阻，形神俱困，且不支矣，返而顾尔，其容与犹是也。是尔与我甘苦不同也，休戚不通也。又何贵于尔之亲我者为耶？

影对曰：始吾以尔为有知，而可与终身也，乃今知尔直騃竖子。尔是可与久耶？何其责人无已也！我之随尔有年，岂尝见尔绚赍而身、虔饬而度、矜靓而止耶？尔尝何蓑笠而锄于峣崅，我不敢厌汝之贫而求去尔也。尔尝策骐马而历于都市，我不敢自爱其力而求后尔也。尔尝伛偻于贵人之前，彳亍于显者之门，其态则苦也，我不敢矫异焉以别尔也。尔于密居便室，将有所为也，屏左右而谋诸人，我即遁而远之，以成汝焉。尔今有溢誉羡名浮于尔躬，缛文习礼浮于尔实，辨言剩语浮于尔行，我固能一一数之也，终子之身不敢有后言者，凡以为尔也。尔今形容渐槁，貌渐寝，须眉苍苍然渐变矣，而我一无所改。尔行于夷坦芳洁择地而蹈之，遗我于坑堑溷秽而不汝过也。尔坐于月林风磴拂石而枕之，处我于荆棘芜蔓而不汝怨也。虽盛寒暑，中夜而兴，炬光方著，我已起而就尔矣。今尔行年五十矣，曾不能置身于岩廊之上，及兰台秘省天日不到之处，以逸我焉，尚拥敝袍，骑欵。叚行于红尘赤日之下，而往来仆仆以勩我焉，乃不蒙慰藉，而反责我，以休戚之义，亦甚矣！今即此丰蔀之所，请从尔辞尔，幸其自爱。

于是形乃伸舌而不敢言，瞋目而不敢视。乃降席趋于阶下，肃影而右之，再拜稽首，以谢不佞，影亦答之如礼。

——刘尧诲《虚籁集》卷九（清雍正六年续刻本）

【明】曾朝节

曾朝节（1534—1604），字直卿，号植斋，桂阳州临武县（今郴州临武）人。明万历五年（1577）殿试中一甲第三名探花。历任翰林院编修、国子监祭酒、累迁礼部侍郎兼经筵日讲官、礼部尚书充东宫侍讲。卒赠太子太保，谥文恪。著有《紫园草》《南园草》《经书正旨》等传世。

瑞春堂记

自吾里人之卜会馆，垂八年矣。今年春，始于此协卜而辟斯堂。堂之前，有嘉植焉。初至，红芳烂然，若朝霞之散布于檐端也；又如绮绣粉敷，杂赤玉之缀饰，而靓陆离也。左右曰：『美哉！此桃之艳也。』逾旬，而与德玉卢君、洞阳欧君，会里人为落成宴。时，仲春月念三日也。树间数株绽有白朵，乍见而疑之，岂六出之英，飘著于暮春之日乎？倏红倏白，变幻莫测，何以有是奇观耶？左右曰：『异哉！此又郁李之荣也。』愈闻而愈喜焉。一植而两花，殆人为之巧夺天工乎？昔人以才贤比之桃李，其举进士，亦曰『春官桃李』也。然则里之多才贤也，举进士者之联翩袭沓也，不已瑞于此乎！左右复进曰：『兹树之实，味甘美，可食，不与他植同，盖珍品也。』余闻而愈喜焉。人之评桃李者，第曰『芳葩悦目』已耳。今其实有余味，使听者若不遽接于口焉。此何异士人之能文章、负时名者，而发为贞掺，树为勋业，炳乎为天下所甚重。庶不虚猎声闻，亦犹桃李之甘实可啖也。然则，里之才贤皆伟人真士也；举进士而联翩袭沓者，皆名臣耆硕也。不已瑞于此乎！因额其堂曰『瑞春』。吾里人之聚此者，或以明经赴廷试，或以孝廉上春光。至，皆于春。桃李之花时，春也。里人以春上，而桃李以春为吾里人之瑞。里人相与久此，而见桃李之花，可食此花之实，樽酒相属，当莫不抚掌而赏其瑞。是桃李以其花、实，而效瑞于人；而人亦以其华实，而效瑞于国也。讵非同德相庆，为斯堂志喜哉！此余『瑞春』之所由名也。

虽然，余重有告焉：树之始植也，择其种，移之名圃。壅其根而培之，日灌溉焉而不辍也。至于冬夏加爱护焉，日滋月茂，以迄于今，而后悦其花，食其实也。吾党之聚于此堂者，既彬彬称楚材矣，亦知夫心者，吾人之灵根，从此培植之，粹然而成明德。逮夫建立殊异，铭于钟鼎，而声实并树，蔚为国桢焉。谓果何以灌溉之？何以爱护之乎？则务学亟已。学则不仅以文章显也，进之而为伟人真士，为名臣硕彦，咸于是乎出。固知天下，未有不种而思食其实者，可以悟矣！节不佞，既为纪其实，因敷忠告之思，以相劝于学。同余志者，岂以鄙言为无当哉！衡、永置守者各一。凡衡、永、郴士大夫至者，皆令候事无缺焉。且嘱曰：『凡吾里人，其相与谨视嘉植，与此堂并焕，庶几永为上湖南瑞乎！』

京邸寄族人书

时，七月一日，曾氏十二世孙朝节寓瀛洲亭寄。

去年还桑梓，未半月即理装行，未获一一敦叙。而十数日间，以先君末绪之务，有相关白者，不无言语之失，负咎良多，愧歉！愧歉！

节登乡试垂二十年，遭回困踬，备尝酸楚。晚罹先君、季弟之变，情境丑恶，物态人心，于此都一勘破。盖若南陇之梅，枝枯叶萚，傲然于冰霜风雪之中，良苦矣。

偶来帝畿，遇知己，南宫收置上列，进对大廷。蒙皇上可其策，御批第一甲第三名，钦除史职。日食太仓供玉粒，大官馐以珍馔。翔翥秘密禁近之地，抗揖巨公名卿之间，玉堂清暇，世人尝拟为仙。而胪唱之日，及第恩荣异数，尤极崇渥。传制毕，京兆具伞盖、银瓜诸仪，从东长安门迎至顺天堂上，举公宴，两京兆乃复送之西长安归第。此殆天子所以风励四方学者。顾节以谫劣，赧汗于遇分之过，而无以堪之也。

节伏自思我祖宗，自元末季，肇基岗麓，一脉善庆之泽，弥远弥积，乃始骏发于今日，以衍于后来，如川方至。因信善积之，必有果报。人固不可不务善也，愿与合族贤者共相策励。非善念，决不可萌之于心；非善言，决不可形之于口；非善事，决不可蹈之于身。孝弟忠信，为宗族乡党所称道，天地鬼神所歆享，则报不于身，亦必于其子孙，此事之必然，当不诬也。

尝见俗情，多务近小，不知远谋。尤好相轧，以欺诈成风。家即贫，为父兄者，亦宜训子孙以诗书，教之以礼让，成必为俊为彦。不然，亦不失为名家子。不宜使之逐末而弃耕读，嗜利而习技智，以自伤其福。在家务相规约，大小事务，先剖之族长，不遽鸣于官府，此亦修礼让之一事。在今日，尤宜益崇美名，以培养福基，勿俾邻里亲友有所窃指。或亦昌族、宁家之上务也。节处贫有年，然卒不负所志，则能耐者，固亦非痴客矣！

兹遣人归迎老母，草草寄报列位尊前，因附鄙私，伏冀谅察，幸各珍重，余不一。

——《[同治]临武县志》卷四十一（清同治六年刻本）

万年欢二

日

缥缈长空，见扶桑晴旭，一轮红日。彩散明霞，灼灼晶荧炫赫，照彻九州万国。凝瑞霭，龙楼凤阙。纵秋风零露能晞，腊底暖，生冰雪。

葵心正切，喜太阳，浴海经天，腾骧羲辙。金镜高悬，物怪那藏毫发。人在长安，更别举目，见群心胥悦。况恰是，柳绿花明，春色融和时节。

月

杳霭层霄，见银河清浅，一轮华月。练净深林，湛湛冰盘皎洁，直透幽扃暗室。恍风景，瑶台银阙。纵炎时青篁添凉，寒裹白，增霜雪。

蟾宫正寂，喜碧天，阴翳全收，素娥清绝。金掌轻笼，玉液光中凝结。浪说蓬瀛，更别三五，团圆无缺。又早是，药就香飘，秋色平分时节。

应天长四

风

漏传玉滴，握动翠游，虞弦正调新曲。披拂飘飖，莫测端倪在林木。烟光袅，云影乱，遍四海，化工神速。卷氛翳，涤荡乾坤，都归和淑。

五日登祥箓，那复鸣条，穷巷撼茅屋。仿佛古初清穆，寰区被芳馥。陋丰沛，思猛士，拓霸业，竟成卑躅。羡今日，虎啸明时，泠泠生谷。

云

五花彩簇，三素影含，休征总呈丹殿。奇状殊形，变化氤氲纷绚烂。笼鸡鹊，流太液，瞻凤阙，宛然仙苑。验祥经，太史频书，诗歌应遍。

万国齐称愿。欣睹从龙，轮囷起霄汉。叹惜楚王何自，阳台梦妖艳。羡仁杰，望亲舍，亘百祀，汗青垂劝。对今日，往迹悠悠，江山迷漫。

雪

鹤迷岛屿，鸥失水涯，都城共看三白。摇曳寒威，一任缤纷入空隙。填深谷，平仄径，满世界，尽铺琼屑。俨宫殿，璧玉装成，瑶台相接。

景色真堪悦。帝轸闾阎，黄竹咏方发。何处茅庐僵卧，袁安正萧索。想关塞，愁堕指，望朔汉，寸肠如折。喜今日。挟纩春生，皇仁濡彻。

霜

树丹堕叶，关叫去鸿，谁家更凄砧杵。装点深秋，远远钟声度清楚。栖乌啼，明月落，碧汉外，遍来青女。抹鸳瓦，素粉萧森，偏撩情绪。

独夜看无语。底事天工，商气薄林莽。滉漾剑锋倚处，光芒厉威武。靖狐塞，徙毳幕，凛肃杀，谧宁区宇。看今日，冷浸遥空，径迷横渚。

千秋岁四

春

陇梅开后，御柳黄犹逗。寒影去，韶光骤。枝枝含紫玉，树树霏红绣。美不尽，东风忽送花香透。

风吹筵前奏，莺韵稍头又。升晴榭，回芳岫，长杨连宝砌，太液疏珠溜。喜芳筵，青皇欲为君王寿。

夏

麦秋长昼，到处槐荫覆。梅雨过，苹风骤，荷花香御榻，竹影清宫漏。看不尽，石榴红绽青蒲簇。

一曲南薰奏，芍药阶方茂。轩槛外，楼台后。奇峰罗翠幄，净沼含霞绣。喜燕闲，冰盘欲为君王寿。

秋

岭容初瘦，黯淡凉飚透。垂柳变，圆荷旧。危巢云户稳，古石苔衣厚。听不尽，蝉声寂寞凄清昼。

塞雁知时候，兰菊开还秀。瞻碧汉，窥珠宿，香飘蟾兔迴，锦织天孙就。喜广寒，霓裳欲为君王寿。

冬

雪霜如斗，冷阵更番犇。疏岭树，收园柚。阳乌西下疾，朔雁南征骤。清不尽，三更月影窗前瘦。

耐冷孤松秀，春信凭谁漏。寒沍处，玄冥候。敲冰凄暝雾，爱日思晴昼。喜阳回，椒浆欲为君王寿。

汉宫春二

山

大地茫茫，望昆仑耸峙，五岳昂藏。须凭丹青写就，满眼山光。危峦峻岭，似游龙、作势飞翔。知在处，鋆烟洞雾，玉芝瑶草芬芳。

不信幽奇莫到，自神游几席，一任倘徉。西来锦屏连嶂，况对云房。葱葱郁郁，有千重，爽气呈祥。只索笑，周家八骏，空劳骋辔遐荒。

水

巨鋆微茫，看河源奔泻，江汉汪洋。分明千流万派，东注扶桑。萦溪度涧，汇长川、容裔悠扬。知自有，鱼龙变化，明珠美玉辉光。

更道尊临太液，镇微风拂镜，波涣文章。蓬莱五云缭绕，掩映池傍。鲦鱼游泳，又鸳鸯，唼藻银塘。也应念，伊人宛在，蒹葭秋色苍苍。

庆春泽四

琴

流水声幽，高山韵远，钟期千古知音。峰岭孙枝，衡山嘉树千寻。谁将直干良工斫，映七弦，轸玉徽金。听泠泠，角徵宫商，鹤唳鸾鸣。

吾皇此日从容地，操南薰为乐，愠解斯民。秣马神摇，游鱼太液还听。移弦易调翻奇弄，更盘桓，抑按凄清。又何夸，善鼓桓谭，长啸孙登。

书

河马呈图，洛龟示象，初开千古斯文。道脉遥传，微言渐备遗经。还多传注充梁栋，更百家，袭玉函金。看盈车，锦帙牙签，日耀星明。

珍奇不入皇心玩，日神交上世，经史娱情。虞夏商周，从来遗绪探寻。都将义理归胸次，更兴衰，得失分明。又何夸，乙夜文皇，阅市王生。

画

设色通灵，传神绝技，丹青妙得天机。璧马鸣霄，殿龙喷雾称奇。正经三史分群品，藏名笔，秘府争辉。更谁描，石上青松，应手生枝。

九重清玩熙和日，任左图右史，宝绘愉怡。仙境名区，卧游坐上依稀。麒麟已貌功臣像，有真龙，宛在阶墀。只恁教，王会图成，化洽华夷。

棋

象取方圆，机存动静，曾闻柯烂仙枰。运计乘虚，分曹并进经营。盘中律吕声遥应，忘忧处，兵法堪论。正相持，对垒交锋，制敌摧军。

皇王雅意分阴惜，悟驰心鸿鹄，未若专精。垂戒犹贤，须知治理中存。举棋不定贻余衅，识玄机，先后分明。只恁教，一着成功，天下升平。

清平乐四

笔

中山秋兔，被祸唯苍素。一自蒙恬深结束，彤管光华堪妒。提携幸厕璇台，青烟紫雾徘徊。赞述帝王勋德，何辞毛发摧颓。

墨

池端波涌，簇簇云烟重。怪底春窗神忽悚，诘屈龙蛇光动。松滋后裔流传，尝蒙上召宫前。陛下欲知名姓，小臣绛县陈玄。

砚

玄玄冲性，毛颖同亲近。利钝从来殊动静，论寿终应难并。坚贞自守庸庸，青松池畔烟浓。词源倒流三峡，无惭即墨分封。

剑

龙泉精吼，魑魅中宵走。炯炯赤光侵北斗，欲倚崆峒山首。
琉璃宝匣瑰奇，金环错镂陆离。幸遇恬嬉盛际，边疆何处尘飞。

——曾朝节《紫园草》卷十二（明万历二十五年刻本）

【明】袁子让

袁子让（1565—1612），字仔肩，号七十一峰主人，郴州人。明万历二十九年（1601）进士。历任四川嘉定知州、兵部员外郎。袁子让精通音律声韵，勤于著述，其撰写的《字学元元》十卷，《四库全书存目》著录。有《香海棠集》传世。

香国海棠赋

盖闻名园之花，莫若海棠。名竞推于绣陌，种独出于瑶沧。比绰约乎西子，借妍丽乎东皇。眉倚翠兮春睡，烛照红兮晚妆。逞铅华而掩昼，垂粉黛而临窗。吸赤精而成质，织落霞以为裳。点绛唇兮解语，舞彩袖兮垂堂。婆娑染画桥之烟水，毰毸栖白羽之凤凰。得酒而晕生脸，迎筝而笑欲狂。态动长门之赋，颦欺虢国之宠。向日带娇莺之睆睍，沾泥来燕子之奔茫。着雨而浓脂透，临风而朱鸟翔。对鸾镜兮知红颜之献媚，照尊酿兮讶流露之满觞。红相亚于轩槛，碧弄影于池塘。拟芙蓉之半面，羞莲花之六郎。逸似仙兮拥宸游之罗盖，浓如醉兮惜春晚之韶光。盖独跨乎深红浅白，而何羡乎魏紫姚黄。独惜其姿饶国色，尚歉于质带天香。猩虽以艳丽分血，麝终以娇妖妒芳。姿能进乎桃李之舍，臭不同于芝兰之房。对三春而少同心之气味，入四恨而动今古之徬徨。

独汉嘉别有奇种，其品格不与俗共。姿上占乎蕊宫，香遥分于琼峒。飞霞而妍脸斜，泣露而芳心重。先红杏而斗菲，与梅花而同梦。夜穿帘箔兮借夕照之曛，蚤度罘罳兮倩晓风之送。落锦水（水出成都，南下绕于嘉定）而鱼舅香传（鲥鱼出嘉州，俗称鱼舅），入龟山（龟山在州东）而鹦鹉色动（嘉州出鹦鹉）。

试看春帝之方临，到处海棠之遍荣。山林城市，苑囿梅亭，有棠而皆发蕊，奚地而不传馨。着桃姿而觉浅，掇桂香而更清。占断乎鸳鸯之双浦，妆点乎杜宇之数声。薰瓦甃而上帘钩兮朝之飞萼，染竹床而点梅帐兮夕之落英。玉女摇芸孙之佩（玉女峰在大峨山），蛾眉含鸡舌之精（蛾眉三山：大蛾、中蛾、小蛾，在州东南）。直可补都官花谱之阙，岂独羡渊材遗恨之平。

于是，汉嘉大夫跃然赏羡，谓故记昔得于耳闻，而奇葩今得于身见。培之以台，回之以槛。闲则描之诗章，喜则酬之杯饯。或夜尽漏而挑灯，或日移晷而忘倦。

方其坐挺秀之轩也（挺秀轩在州廨退食堂左），枝有情而覆屋，花带媚而垂栊。舞袖飘幽谷之荪蕙，解语吐暗室之兰芃。抱冲恬于永昼，托衷曲于微风。往还来兮缥缃之内，拂不去兮几席之中。大夫赏而曰，奇哉！吾知是花之香，妙在淡而不浓。

及其登海棠之阁也（阁在州后，上有楼），近对峙乎两墀，远传菜于四幕。随竹风之琅玕而来，依窗槛之玲珑而落。骤索之而似有似无，细求之而如茝如若。大夫赏而曰，奇哉！吾又知是花之香，妙在清而不浊。

及其憩海棠之坊也（海棠坊倚城，在州之北），绕埤垸而芬菲，拂闾阎而蔽芾。穿翠幰于使客之车，堕幽芳于行人之袂。以为微兮真兰芷之披襟，以为触兮非麝檀之扑鼻。大夫赏而曰，奇哉！吾又知是花之香，妙在和而不厉。

及其游海棠之园也（海棠花，士绅家园囿多有种之者），色若加深，香如更笃。托根于盆盂之间，倚干乎阑干之曲。健枝存雨后之精神，疏影布月中之朴簌。同焉与众卉而齐荣，杰焉迈群芳而更馥。大夫赏而曰，奇哉！吾又知是花之香，妙在群而不俗。

及其登海棠之山也（海棠山，在海棠坊之西），深碧纵横，浅红烂漫。香下落于人间，馨上传于霄汉。清英劳鸟啄以争飞，花梦绕蝶魂而不倦。客归而携袖之馥郁犹存，花落而香国之余春犹恋。大夫赏而曰，奇哉！吾又知是花之香，妙在结而不散。

大夫于此，喜不自由。近收香而拂滥，远揽馥而登楼。顾花颜之拥簇，若仙吏之乘⿰月侯。萍梗失客踪之飘泊，风尘忘宦迹之淹留。兴随景发，目与心谋。仙然羡香圃之奇枝，蹙然恨学海之遗璆。徒识河阳之为花县，而未知眉山之为花州。

大夫于是改容而问花曰：花乎花乎，汝知汝花之所以香乎？天下不少卿，卿何以独馨？擅奇乎垂丝之绝种，特寿乎川江之令名？果九峰之吐秀（凌云九峰在州东），抑山水之濯灵（锦水、泸水、沫水皆合流于嘉定）？何占断世间之馥彧，而独为此地之芬英？天下得与同靓丽之妆，而不得与共臭味之盟。岂上林之富媛，独歉于卤土之芳卿；岂华清之贵侣，尚不敌嘉蜀之华荣？

予求明而未得，花欲语而无声。大夫寤而曰：维卿之香，我知其故。天固无心，物各有数。饶于色者，其臭必漓；淡于妆者，其香必固。雅素乃臭味所藏，而浓艳亦造物所恶。是莸腐薰芗，各任物而普；而南橘北枳，实因物而布。功宰于不识不知，化妙于时茹时吐。彼亦不知彼之芬以有所丰而啬，子亦不知子之香以无所饶而付。啬者总卉木之不齐，付者亦化工之不妒。

吾将匣子以垣，籍子以路，贮子以碧纱之笼，畀之以金铃之护。花兮花兮，子将与我同朝同暮。暮衬乎刺史告天之香，朝承乎仙人长生之露。无为土地所移，而于造物有负。遂挥毫传香国之神，而命楮成大夫之赋。

按：括号内夹注为袁子让自注。

燕泉赋

桂林之腋，沈水之间，石碛一派，有泉出焉。始層渗而觱沸，终枝流而蔓延。枕文明而印碧，漱沆瀣以分元。无岁不潩泓于八桂，有时长溢灌于三川。不与醽醁而共酒蘖，不随张陆而护茶烟。为粒民而出世，顷沃土以穰田。

客有观斯泉者，揖袁生而进之曰：美哉，泉乎！吾尝斟中冷于江巉，挹大乙于日都，吸明月于金华，酌金沙于雩湖，品虽登于杯碗，功未及于粱稌。斯何泉也？而功至是乎？

生正襟而对曰：桂渚之真，淑气之炫，郁结成泉，蜿蜒为练。其发于窦，其名曰『燕』。出有本而终闳，达盈科而外渐。渗玉乳以流甘，喷香雪而集霰。淖之不浊，澄之不清。洑而为隐，洄而若见。濯缨而孺有歌，枕流而客忘倦。拜汉甘而可宫，跨秦醴而居殿。此泉品中之绝流，岂人间世可多见耶！

客变色而问曰：凡名之立，唯实是副。鸬鹚集而成陂，鸳鸯宿而洎渡。池以凤凰而美丝纶，洲以鹦鹉而重词赋。泉兮燕兮，孰丽孰附，此子之所稔闻，而予愿闻其故。

生曰：泉之委蛇，燕以为期；燕之去来，泉与之偕。当黄叶之既尽，正青辂之方来。鸧鹒舌动，煖律风回。民举趾而首事，悉计耦以相裁。是月也，碧桃迎候而华，元鸟应社而降。语明杂而呢喃，飞颉颃而下上。此石此泉，若盈若涨。派云涌而星流，势滥出而層放。似骥奔而潨来，比虎跑尤觉畅。助通陂以润膏腴，过游鱼而来荡漾。乐岁有粒米之盈，大旱无云霓之望。及其东作，既终西成。告至景已谢乎朱陵，令传司于素帝。瞻白露之自天，怯金风之动地。功既衰于稼穑，民无藉乎耒耜。紫燕巢空，朱衣巷闭。此石此泉，为归为还。田窦枯而成塞，琼膏秘而不宣。从鷫鹴以反国虚，犹凫鹥之在郊原。风不波而潮落，月无影而潭寒。收余泽于龙湫，养重晦于虬渊。其来也抱泉而来，其去也挈泉而去，吾以知燕之有灵。其缩也待燕之踪，其鸣也待燕之至，吾以知泉之有名。浮沉有定候，而如以潮海为程；出处不愆时，而如符天地之经。燕知泉之消息，泉以燕为神情，是佳气之所扶舆，而魁奇之所挺生。

唯泉之东，有何文简公者。饮光而生，濯神而出。孕玄鸟以呈祥，浴秋水以为骼。道溯矣而有泉，才斢焉而不竭。见有期而得出之时，涅不淄而得流之洁。忠愤虞渊，学探禹穴。甚矣，泉之似先生矣，精相授也。甚矣，先生之爱斯泉也，情相动也。于是乃翱乃翔，以游以乐。寻折氏之觞池，觅舜民之尊窍。掬不尽先生之赏，复拾为先生之号。谓夫泉隔我而尚离其神，未若我即泉而始得其妙。濯白贲于邱园，沛甘霖于廊庙。往来独任，左右逢源。性澄而尘不染，景过而鉴常空。洒霁怀以映秋月，布沃野以慰春农。注家语之文而洙泗衍派，作《周易》之翼而山水告蒙。修冏寺之马政，止滥觞于涓溶。罢大梁之戎事，与沟洫以田功。筹边计数十事，而北塞驰瀚海之封。平滇镇十八寨，而南徼建瓴水之雄。擅学阑之百家，汇众派而朝宗，抗大礼之一疏，经万折而流东。大节事三朝而不解，典礼昭万世以为功。春和乘燕来而出，分湛露于九重；秋肃感燕去而隐，藏云水于深峪。两间正气，一代贞忠。此孰非先生之概乎？而亦孰非此泉之所钟乎？

客愕然而起曰：予初不知泉之有燕也，亦不知燕之有泉也，又复不知燕泉之有先生也。因泉知燕，因山川知文献。一闻吾子之言，恍见先生之面。

生怃然曰：先生之大，渤澥难量；先生之深，河源难溯。一隙之流，所达有数。此何足以钩公之元，而亦只以窥公之素。生颐霤而折磬。

客噤舌而却步，乱曰：天命玄鸟，窍发清治。气孕壮士，朝借止衡，词源巫峡，学海沧溟。处则渊塞，出则霖倾。百世为师，万邦作刑。功盖古记，民到今称。唯燕于飞，唯泉不停。谁司去来？谁主消盈？不可得而知。吾知之燕泉先生。

——《［嘉庆］郴州总志》卷三十六（清嘉庆二十五年刻本）

【明】袁子训

袁子训（生卒年不详），郴州人。袁子让之弟。明万历拔贡，天启四年（1624）任雷州同知。有《雷阳八景集》存世。

乳仙宫记

苏仙之麓，有白鹿洞者，为真人发身处。鹤覆鹿乳，奇若后稷平林、羊迹、鲤踪，灿焉。文简传志，为天下十八福地，实苏岭第一仙关。故祠创于洞前，仙灵妥于岩下。势虽依乎巉窟，制颇局于观瞻；嗣既僧道迭兴，祠亦栋宇载辟。闻鹿鸣而鸣鹿峙馆，适鹤来而来鹤蜚亭。总之，倚洞为基，抑且面山为主，势趣胚乎再创，机实待于后人。往者，予兄弟买履登山，杖藤探胜，偶因觅秦少游踏莎之调，遂尔得苏真人扫级之规，气聚而藏，势伟而壮。洞即在左其掖，气直受顶之余。议欲再始卜丰，工拟即为营洛。乃问主画于家君，更请证盟于郡主。上下咸与，远迩同心。开楼阁于空中，集斧斤于云外。功成一日，胜甲千年。中奉真君，征奇踪之自始；后临潘母，稽异迹之从来。梁栋倚天排，仿佛凌霄碍日；钟磬随风舞，依稀奏羽流商。云来往而无心，花开落而自主。一声嘹唳，定知仙鹤归巢；几处呦鸣，疑是神鹿来苑。永奉千秋香火，别是一样乾坤。俯仰古今，缔思堂构。汉以后，屡经诏旨，只崇马岭之新峰；宋以前，代有葺修，未及牛脾之旧址。何如兹举大胜前因？溯水木源本之恩，则真人孝养之心，得兹创而远慰；阐牛羊腓字之始，则真人变化之妙，得兹构而益彰。信为不世之奇功，可作开天之创果。阁利维摩之室，不至独擅西方；紫阳桐柏之乡，行且逊芳兹境。予兄弟铺砖之念，藉是以完；苏真君济橘之灵，从今再始。祠事既成，宜有纪述，乃次向者指画之语，及今日勸勷之功，用属诸四友之中山氏，以遍告万世之同心者。时万历三十二年冬立。

——《[嘉庆]郴州总志》卷三十五（清嘉庆二十五年刻本）

【明】喻国人

喻国人（1611—？），字大受，号春山，郴州人。明末举人。清初隐居家乡，著书立言，讲学授徒，称为儒宗。著书三十多种，仅有《责己录》行世。

坑冶论

按《一统志》载，郴州、桂阳、宜章、永兴产银铁铜锡。无赖奸徒遂妄称郴有坑冶，辄思开采。窃天下利之所在，害必随之。况有害无利，其可忘从前之殷鉴，贻后此之厉阶乎？敢将流弊略陈焉。

郴界在岭表，山多田少，一岁之收不足供一岁之食。今增万千之夫役，则增万千人之口粮。米价腾贵，穷民奚堪？害一。煎淘恶水，一入田畴，竟成废壤。不但衣食无资，并国赋何办？害二。穿求砂苗，深入无底，举数十里之屋庐坟墓，皆有斩龙绝脉之虞。害三。炉炭无出，即砍人禁山而不惜，伐人冢树而不顾，居民风水悉遭败坏。害四。且本地居民，从无辨炉火识砂色者，率皆临、蓝、嘉、桂、常、新各处奸徒及四方亡命，昼则横肆抢夺，夜则公行剽劫，令鸡犬不宁，妇女远窜。害五。凶党纠聚，千百成群，少有忿争，便肆戕杀，讼狱繁兴，牵连拖累。害六。恶水一出，数十里沟涧溪河，皆成秽浊。民间饮之，辄生疾病。害七。河道半被泥砂壅滞，时为迁改。乡民恐坏田苗，拼命力争，屡致争斗。害八。万山环聚，疠气本深，更加掘发，瘴雨岚烟，染者多疫。害九。窝逃薮盗，上禁森严，今夫役俱属远方，即有逃人巨盗藏匿其间，孰从稽查？害十。凡此皆害，在官民共见共知者也。

…………

朝廷开采之意，原为有资鼓铸。今各处既非铜山，则是无补国计矣。且部文止许本地居民报明详允，果无碍于良田坟墓、风垅命脉者，方许雇募土著人夫开采，不许异棍假冒贻害地方。计深虑远，何其详切。今试问开采者果土著乎？抑异棍乎？

维时因有官税二分，故地方官皆吞声饮泣而莫言耳。二十三年偏院丁公莅任，州守陈公以请停有限铅锡，恩锡无穷民命，防患未然，以靖地方等事，剀切上达。荷院宪灼知郴州大害无逾坑冶，特委衡永郴桂道朱公将外来异棍亲临驱逐，一切无名小坑概行封禁。浩荡鸿恩真永垂万世矣。二十四年奉部文停其抽税，听民采取，可谓损上益下，法良意美者也。在郴民贫苦已极，田畴不足供赋税，乐岁难以糊家口，岂甘袖手乐贫，不思少沾微息。但目前之十害已觉剥床及肤，后此之深忧，更同积薪厝火，岂可贪锱铢微利而贻百世之灾害也哉。况前此为祸止在猺獞坑夫，今各省裁兵，不事耕种，日逐游手，庙堂恐以安插不善，每为议及。

郴壤连四省，倘一闻开采，则两粤、江右、大湖南北裁兵定闻风蚁赴。以蕞尔之荒陬集万千之狼虎，脱有奸人煽祸，在郴民之身家性命俱不足惜，其若朝廷封疆何？所以阖郡之人痛哭流涕赴上哀呈，咸思永闭，不愿再开也。乃各处流棍，或称商，或称宦，或称弁。假冒土著，今日请开此地，明日请开彼坑。倏来倏往，如鬼如蜮，甚至不由上命，招集奸党，竟自开挖。

幸州守陈公极意救民，不避艰危，深入蚕丛，躬犯矢石，始获解散。国人年近八袠，心长力短。追忆从前之灾患，已神悸而骨惊；目睹近日之情形，虑前覆而后蹈。其言之重、辞之复，盖深念桑梓，实有隐忧，毋使郴受坑冶之害，而余获知言之名，则幸矣。

按：标题为选编者所加，文章有删节。

——《[嘉庆]郴州总志》卷十九（清嘉庆二十五年刻本）

【清】范秉秀

范秉秀（生卒年不详），字依璜，郴州直隶州桂阳县（今郴州汝城）人。清康熙二十四年（1685）拔贡。性高洁，淹贯古籍，诗才敏妙。云南学政吴自肃奇其才，聘阅试卷。后被云贵总督范承勋招为幕府。著有《苏溪诗集》行世。

禽言诗八首

一

春去了，春去了，惊心啼断枝头鸟。白日长绳系不回，人事蹉跎犹未晓。百年屈指芳辰少，春去了，春去了。

二

布谷，布谷，山头日出驱双犊。老妇携壶具馌来，不向田间向山麓。官田税重追呼速，布谷，布谷。

三

婆婆饼焦，婆婆饼焦，无以哺儿儿转骄。那得含饴消晚景，连年岁事属□枵。嗷嗷八口望青苗，婆婆饼焦，婆婆饼焦。

四

莫摘花果，莫摘花果，吩咐园丁护花朵。园租犹得偿田租，为愁风雨频吹堕。休遣狙公来树坐，莫摘花果，莫摘花果。

五

脱却布裤，脱却布裤，民间褴褛何堪诉。一年辛苦又无秋，尽入官仓犹不足。五裤之歌何日作，脱却布裤，脱却布裤。

六

泥滑滑，泥滑滑，青鞋布袜泥中拔。山昏日落苦蹒跚，肉绽皮皱霜又刮。游人万里真愁杀，泥滑滑，泥滑滑。

七

行不得也哥哥，行不得也哥哥，如何拂袖归山阿。豺虎当途天又暮，魑魅白日伺人过。腰上黄金有几多，行不得也哥哥，行不得也哥哥。

八

湿湿湿，湿湿湿，莫脱轻蓑与大笠。雷雨垂垂树叶多，黑云成阵溪风急。归来空对牛衣泣，湿湿湿，湿湿湿。

——《[乾隆]桂阳县志》卷十二（清乾隆二十年刻本）

【清】李朴大

李朴大（生卒年不详），字尔雅，郴州直隶州永兴县（今郴州永兴）人。清康熙二十七年（1688）进士，以母老不仕，教授乡里。著有《义庄诗集》《松涛阁集》。

蜘蛛说

天道好还，无往不复，杀人者自杀，祸人者自祸，毛发不爽也。吾窃感焉！蜘蛛逞其机巧，结一网大如车盖，挂之檐槛外，自处其中。意谓从天降者，从地起者，从四方来者，皆入吾网。吾取而食之，不劳余力矣。适有蜻蜓罹于其中，蜘蛛膏其唇，泽其吻。未几，有青蝇入。又未几，有蜩蝉入。若蝇者，蜘蛛食之矣。食既饱，系其蝉，留为后飧焉。

夫蜘蛛物也，蝇蝉之于蜻蜓亦物也。以物害物，逞其最巧之机，借其自便之势，取其自来之食，恣其无厌之欲，天而恶杀乎？胡留此类？留此类天不好生耶？

俄而童子持长竿至，将其网一卷而收。蜘蛛逃之不及，童子以竿击毙，糜其头，裂其腹，蜻蜓与蝇尚有遗骸在。

夫蜘蛛之布网，杀飞虫之陷井也。童子之持竿，杀蜘蛛之戈矛也。蜘蛛杀飞虫，有欲心，无仁心；童子之持竿，无人道，有天道。然则世人之机械，宁无蜘蛛。士师之执法，亦类童子。此所谓杀人者自杀，祸人者自祸，天道好还也哉！

——《［嘉庆］郴州总志》卷三十六（清嘉庆二十五年刻本）

【清】欧阳厚均

欧阳厚均（1766—1846），字福田，号坦斋，衡州安仁（今郴州安仁）人。清嘉庆四年（1799）由内阁中书登进士。历任户部贵州司主事、广西司员外郎、陕西司郎中，『年四十余，以母老告归』。后被聘主岳麓书院讲席，掌教二十七年，颇受朝野赏识。著录在案的弟子达三千余人。曾国藩、左宗棠、胡林翼、郭嵩焘等均出自门下。著有《易鉴》《岳麓诗文钞》《岳麓课艺》《试草》《试贴》《坦斋全集》等书。其《坦斋全集》收录有《有方游草》《来谂堂诗草》《粤东游草》。

粤东游草（节选）

八月十日偕陈和亭父子及家斗山弟启程往粤

幸有循陔暇，高堂许远游。客程桐叶雨，天气桂花秋。酒共陈遵饮，诗邀谢惠酬。兹行不寂寞，一笑到番州。

过龙海塘

入郴此门户，山势亦嶙峋。鸟道盘纡处，蝇头竞逐人。往来怜负戴，旦暮重讥巡。嵯客曾知否，爰书宥细民。

自永兴至郴州

径小平如砥，疏疏列堠亭。遥峦经饱看，浅濑足清听。雨过沾苔润，风来送桂馨。井边多种橘，何处访仙灵。

望郴州山色

吾爱郴州好，崔巍百态呈。浓如将黛抹，高欲入云撑。岩陡飞难到，峰奇削不成。双眸一以豁，雨过有余清。

折岭谣（有序）

连日阴雨泥泞，行者苦之。过折岭则晴，霁路干矣。舆夫中有老于行役者，为言此地向来少雨，因述谚语云：『郴州雨，宜章晴，宜章若雨没路行。』爰补缀其语，作折岭谣一章。

郴州雨，宜章晴，黄岑山下路，折岭最分明。上折岭听鸠鸣，下折岭闻鹊声。呼晴唤雨各自适，禽鸟无知讵有情。一岭划开楚粤界，物候与之随变更。是时百谷秋告成，村村报赛吹豳笙。农家晴雨两无系，关心旅客愁长征。若教宜章雨，行人无路行。

泊韶州

武溪浈水两悠悠，绕郭萦纡此合流。岭峤北关资锁钥，楚吴东下扼咽喉。曲江风度人千古，南汉英雄土一丘。缥缈萧韶何处听，九成台畔石空留。

过英德县

参差城郭古衡州，烟雨无池亦有楼。山势狰狞围两岸，可能清绝比湘流。曾说涵晖谷口碑，云华洞亦有新诗。今来何处寻遗迹，山不知名只觉奇。

过清远县

政宾古治倚江干，淼淼江流眼界宽。山过二禺无陡壁，水经三峡少奔湍。孤帆饱挂秋风老，双桨摧摇夕照残。今夜泊舟在何处，蓼花洲上雁声寒。

游五羊观

南交自古悉尧封，播谷曾闻稷与农。底事此邦降嘉种，遍传当日有奇踪。神仙变化何年见，游客纷纭到处逢。竞向道人询往迹，指看五色石横纵。

霁后望罗浮山

何年浮海鳌，戴来蓬莱岛。横亘五百里，屹然镇海表。灵踪不可测，云气常缥缈。每于风雨中，时为往还道。世人那得知，连络讶天造。一朝阴雨翳，妄学韩公祷。海风方送迎，层霾孰与扫。我欲呼问之，惜无传言鸟。翩翩一仙蝶，飞傍舟头绕。如闻灵山归，遣来慰怀抱。亟起推蓬望，天气忽清晓。璿房与瑶室，到眼悉了了。何当携屐游，岩洞足搜讨。平生师坡公，此山吾欲老。

惠　州

治古称梁化，环州白水中。帆看来上下，桥尚跨西东。浪带潮音壮，山连海岛雄。登亭怀往事，遗迹纪坡公。

归善道中

岭东开一径，千里到潮阳。野阔尘氛净，山平驿路长。密林尚春色，远景亦江乡。想见民藏富，投墟处处忙。

山径苦毒热，兹晨生嫩凉。风微常阁雨，露薄不成霜。蜒酒聊为醉，蛮花亦有香。村村响枷板，晚稻正登场。

海丰道中

泛舟自鹅埠，乘舁上羊蹄。划水惟闻桨，登云直是梯。传呼来令尹，静肃立苍黎。谁谓粤俗悍，斯民犹可齐。

由陆丰至葵潭

辨色促征装，停骖已夕阳。舆夫叛初约，暴客怒空囊。孔道无商旅，空山有汛房。秋风偏送客，今夜宿荒庄。

普宁登舟

痛矣顾我仆，余亦厌山行。轻舠呼一叶，恰趁午潮生。逼仄复啾嘈，风声杂蛮语。夜深残月明，微听一枝橹。

清晓推蓬望，潮回风打头。问程三十里，迟我到潮州。

二十七日抵潮州

岭东门户此雄关，郭外苍波翠岛环。嘉植仍栽五子树，名区谁识九侯山。浇风赌命轻蝼蚁，旧俗争雄斗触蛮。至竟鳄鱼犹感格，昌黎化尚在人间。

湘子桥

在潮州东门外，横跨鳄溪，广五丈，长百八十丈，盖即旧记所谓济川桥也，今俗呼湘子桥。

南迁曾否挈妻孥，湘子何时到海隅。虹起空中半荒渺，鹊填天上本虚无。只缘遗泽千年仰，更说仙踪万口孚。秦岭蓝关争此地，桥名应亦听人呼。

发嘉应州

水涸舟行滞，蹊间一径开。笋舆穿林出，石笕引泉来。丹叶林初见，苍松地遍栽。殊怜板桥板，半是衬宫材。

雨夜过清溪竹桥

危桥卅丈跨清溪，断竹编成节不齐。偏是宵深无月上，寒风淅淅雨凄凄。

停舆步过竹桥西，彳亍荒江念小奚。我醉一杯长乐酒，三更迟汝渡清溪。

过龙川县

赵佗旧是龙川令，如此关河亦足雄。浰水至今尚萦抱，鳌山终古自穹窿。江通循广千帆集，路入梅潮一线通。欲上霍峰访仙迹，笛声遥在白云中。

过河源县

循江南下放轻船，历落人家傍水边。可信山犹藏獭窟，真教河必待龙穿。弩营冈畔知何处，镬在溪头不计年。闻道英雄曾割据，至今古堞尚巍然。

重到惠州访韩侯祠

韩侯奕奕旧同枌，仗义勤王早统军。保障三湘推宿将，荡平百粤有奇勋。遗编谁采金陀录，故土犹留宝塔坟。闻说此邦崇庙祀，我来未及荐芳芹。

望夫石

妾已化为石，望郎郎不知。纵教不知妾，犹自望郎归。

妾已化为石，郎归妾不知。妾知复何益，郎尚有归期。

归　家

风风雨雨客中过，菊圃秋容负最多。归向园丁问花事，寒梅消息近如何？

琴剑萧然返故乡，乡人团坐问长途。橐中检出新诗稿，惭愧当年陆大夫。

——《欧阳厚均集》（岳麓书社 2013 年版）

【清】陈起诗

陈起诗（1795—1842），字敦甫，号筠心、云心，郴州人。清道光九年（1829）中进士，授吏部考功司兼稽勋司主事、吏部则例馆纂修、员外郎，记名监察御史。著有《孔子年谱》《四书求是录》《补全唐诗选辑》《罗经图考》《四删诗》。京师士大夫将其与魏源、汤鹏、左宗植并称为『湖南四杰』。与魏源结为姻亲，逝后，赠中议大夫。

忆苏仙岭

郁郁苍苍汉代松，乳仙宫馆碧苔封。烟霞啸傲今非昔，诗酒悲歌疏更慵。流水桃花前洞月，衣香人影隔林钟。无端又作朱门客，回首苏山云万重。

——张翰仪《湘雅摭残》卷二（岳麓书社2010年版）

怀魏默深

去年冬及尽，远道有双鱼。孤馆仍风雨，天涯少尺书。一樽残腊酒，半亩故乡庐。只此和妻子，寒宵对绮疏。

按：魏默深，即魏源，字默深。

长沙市楼别魏默深

西风吹木叶，与汝倚阑干。斗酒一为别，湘江终古寒。家山梦中碧，银汉夜深宽。莫遣音书寂，南飞有羽翰。

寄廖春泉

孤鹤野田间，早稻美可茹。照影清江流，哀哀求其侣。目视片云飞，施翮不能举。远烟在青松，细籁闻樵斧。之子胡不来，苍茫眺平楚。

樟木市

落叶积如许，沿江一带明。夕阳多在野，古树不知名。隔水见灯影，怀人闻雁声。澄波平似鉴，为我照心清。

续和程春海学使北湖怀古原韵

奇哉蟾蜍蚀月影，不共卢仝吟五岭。南来只有张十一，剩如辘轳转瓶绠。见否谪郴程师举，即见应亦缩其颈。夫君谗构此不挠，相与湖游搴菱荇。岸火叉鱼春招要，月波照人夜癯瘏。涤瑕荡垢上道难，孤笑群忧弹指顷。公云柔舌无缺落，意学聱牙带笭箵。能言者以言为忧，忧在人心非人境。同官刘柳不同谴，看蠡作网蛊飞皿。倘以私党较瘴乡，肯避新儒趋前猛？匪亲岂朋词颇微，既往宜惩正有眚。刘柳可责安可伦，一犹女郎一忠鲠。至今湖与李公窾，陵谷崔嵬蛮荒幸。覆巢毁卵鸿人冥，敝瓮羸瓶泉恻井。生命磨蝎诧角口，当途宦蘖谁识省。泰山童赭神秀推，北斗豁落元精耿。狐鸣枭噪国空虚，巨封剧镇党骄逞。云开公昔衡扃叩，发披吾欲天阍请。血面招魂巫阳哀，幽梦感人湘灵靓。恩波未报双鬓霜，猿鸟无声一叶静。十生九死得棰楚，残年衰朽还萍梗。万里归来此怀古，孤生氍毹家幽屏。登堂抚碑字如斗，买田为祭舍有丙。凤韶锵蔚神爽翩，荔蕉丹黄祠云冷。当时从游有孟绾，请把芙蓉例桃杏。并以张李配以孟，此邦之人托公永。古人已往如可呼，借公笔力发豪骋。

文昌阁

招提试一过，梵钟清若何。白云不生处，飞鸟相与歌。门外水声静，尘中机事多。会须狎鸥鹭，还复向烟萝。

过寒虚园

高云晚争出，寒鸟寂无喧。偶看山前雪，来过烟际村。饕风霾白昼，寒日易黄昏。得与元真子，心期一细论。

夜宿古寺不寐

寥寥神独觉，了了纸窗明。寒意肃然至，人天一气清。室虚灯影静，夜久道心生。此际闻钟梵，泠泠内省情。

舟　夜

孤舟如野雁，去去不知劳。薄暮雨催暑，寒风松作涛。江烟滩响隔，山月夜深高。今夕还家梦，应怜折大刀。

九　日

九日他乡菊，摩挲瘦影多。一樽对风雨，孤剑为悲歌。水落鱼龙冷，天高鸿雁过。眼中人健在，不必感蹉跎。

野　泊

野泊不知处，三湘烟雨中。空江秋受月，古树夜呼风。感遇诗重拟，怀归梦易同。水乡多落木，霜后已深红。

长沙秋兴

黄叶萧森辞故林，江城暝色动疏砧。不堪鸿雁催秋信，自读离骚识楚音。香草美人多蕴藉，西风帝子漫悲吟。临湘一酹长沙傅，濯锦坊头落日深。

院静灯残天半明，怀乡感遇不胜情。王褒何日祠金马，杜甫秋来咏石鲸。楚岫夕阳悬雁影，西风古渡落江声。眼中不少佳山水，且把归程作去程。

秋山

秋山明夕阳，适与吾心会。溪童荷篆还，柴扉掩余蔼。鸡犬暮相亲，松杉静犹籁。村灯隔牖窥，书声寒烟外。浩歌萝径归，荡胸涤尘壒。

孤舟

萧条江上月，空明江上秋。秋心不可掇，飞云千里浮。渺然望江月，苍然思故丘。万籁俱清真，吾亦在孤舟。

耒阳县

江空霜露寒，雁影暮徘徊。客舟如凫鹥，摇曳耒水湄。旁人夜相语，谓予失意归。再拜庞公庙，中心怆以悲。云霄有毛羽，凤雏乃涂泥。豁达鱼水欢，惆怅梁父词。终竟安补哉，天心吁可悲。怀古情慷慨，扣舷歌莫哀。秋风麋子城，波涛苍奔驰。

——邓显鹤《沅湘耆旧集》卷一百五十九（岳麓书社2007年版）

【清】陈起春

陈起春（生卒年不详），字孚心，郴州人。陈起诗之妹。少承父兄教，好古工诗。

为吴称三学博题石笋山房读书图（四首）

石笋岩峣倚碧空，群峰围抱渌江东。分明一幅荆关笔，都入诗人眼界中。

山房谁写墨淋漓，书寄阿咸索和诗。小筑自惭新垣道，烟霞泉石少人知。

水亭潭上影层层，箬雨莲风听未曾。仿佛梅花夸寄迹，孤山不羡羡延陵。

令原往事忆家山，珍重诗编第四删。读画教人思劲节，名园万竹长琅玕。

——张翰仪《湘雅摭残》卷十八（岳麓书社 2010 年版）

【清】陈士杰

陈士杰（1825—1893），字儁丞，号俊臣，桂阳直隶州（今郴州桂阳）人。清道光二十九年（1849）以拔贡生选取户部七品京官，清咸丰三年（1853）入曾国藩衡州军幕，为曾国藩心腹幕僚。后历任江苏按察使、福建按察使、布政使、浙江巡抚和山东巡抚，赐兵部侍郎等职。光绪十一年（1885）辞官回乡，创办龙潭书院，兴办育婴堂。著有《蕉云山馆诗文集》传世。

归田诗（十八首）

归田篇

鸟倦思归林，人倦思归里。车驰泰岱云，舟泛大江水。江波何险恶，浮云变尺咫。知足古所箴，时哉羡山雉。敝庐在蓉城，田园安且美。网鱼款嘉客，摘果弄孙子。古贴闲翻摹，残书手自理。夜深犬不吠，清唳闻鹤起。朝贵阙音书，理乱不置耳。就中有商山，无用慕共绮。

同程都转尚斋同年游平山堂

有鸟脱樊笼，翱翔任万里。我今解组归，孤棹泛淮水。六一旧居游，城东余故址。金兰逢夙契，相与涉清沚。上有小金山，亭台叠逶迤。轩窗映林木，溪泉漾弥弥。废兴各有缘，法海半倾圮。斜过五亭桥，山堂忽突起。躞蹀登层楼，四望平如砥。城郭遥隐见，远峰净似洗。旁有第五泉，澄碧深无底。何须觅洞天，此是桃源里。虽无秦世民，山僧不俗鄙。饷我香积饭，其味甘且旨。书画两擅能，趺坐谈经史。地远心自闲，尘嚣不入耳。此中有禅机，善悟得妙理。欢言惬素怀，微风动芳芷。

和陈我珊广文由省回岳州府学署见寄

一纸飞来便放舟，无穷离思付东流。沉吟诗酒经多载，管领湖山第一楼。桃李春生门下士，鹭鸥点破镜中秋。当年故友随云散，剩得婆娑两白头。

归 里

宦游十余载，崎岖返故乡。亲族怜远至，置酒宴华堂。乍见悲欢集，各自诉离肠。举杯递酬唱，别久意弥长。亲旧半凋谢，存者鬓成霜。村落犹如昔，人事感沧桑。去年旱且潦，四境苦残伤。今岁雨风调，禾黍庆丰穰。冬来新酿熟，相与涤尘装。世途何阻隘，酒国自康庄。感此缠绵意，一笑倾巨觞。陶然各自得，无用慕羲皇。

归田作

去家十四载，翩然还故乡。敝庐无恙在，三径未全荒。败池聊补砌，疏柳自成行。桂为主人至，馥馥暗送香。菊为主人来，冒冷吐红黄。戚友来相问，提榼携酒浆。举杯相对饮，脱帽任疏狂。陶然兴未足，微风送晚凉。

遣 兴

手种平头并蒂莲，倚栏香送晚凉天。偶来鸥鹭便为友，素爱烟霞自号仙。几卷残书消永昼，一钩新月印前川。闭门不管人间事，闲与山僧品石泉。

新开小池

为爱水天色，新开半亩池。周遭围石甃，方圆随地施。出门才数武，荡漾见清漪。鱼游何圉圉，人意共迟迟。岂不江湖乐，风波险且危。何如一鉴开，魂梦息惊疑。朝看云间鸟，形影镜中随。暮印天边月，元珠浴玻璃。人生贵行乐，对此足自怡。翻笑廿余载，驰逐亦奚为。

山斋二首

其一

草草山庄树半园，移来小住避尘喧。无多肴馔供宾客，只有诗书付子孙。短榻迎风酣午梦，曲池映月倒清樽。夜深露点凉如许，蕉影纵横绿过轩。

其二

万事浮沉同一梦，且凭诗酒作生涯。侵晨遣兴先临帖，向晚乘凉自灌花。频唤诸孙温旧本，闲邀老友品新茶。人生随遇知行乐，何用千金买岁华。

移榻山斋三首（其一）

移榻山馆卧，闭户息嚣尘。门前三五柳，参差映水滨。榴花红数点，深绿暗笑人。花柳年年长，人老不复春。白日景何促，行乐及芳辰。朝来山霭送，雨过苔痕新。心闲地自僻，安知晋与秦。桃源即此是，渔父休问津。

喜　雨

中田苦枯萎，桔槔灌无多。油然云布濩，大泽沛滂沱。万物含生意，如病起沉疴。珠玉何足贵，所宝在嘉禾。满篝复满车，农父操豚歌。人生期丰乐，敦俗重亲和。

和陶渊明移居二首用原韵

其一

君子慎择邻，新营半亩宅。比庐望不远，过从无虚夕。应门乏僮仆，洒扫躬服役。蜗居仅容榻，琴书环几席。高卧说羲皇，偃仰慕畴昔。愿言长相依，无复悲离析。

其二

林园多佳趣，即景赋新诗。赏心随自得，散步任所之。耕桑偶闲暇，款门慰相思。欢言情正洽，日暮忘归时。力田供赋税，相勖恒在兹。山居风近古，童稚无猜欺。

元旦试笔 丁亥

旧冬苦亢旱，春来霈祥霙。私祝麦苗秀，聊当早稻成。东风解人闷，衰病日觉轻。衣食取裁足，守道无他营。世途多险难，何如闲钓耕。

苦雨行

弥月苦不晴，小晴复又雨。大点如跳珠，小者散丝缕。暮暮还朝朝，漂摇惊室处。墙墉半倾颓，栖身虑无所。宿粮食无余，新苗腐成土。嗟哉此编氓，何辜罹此苦。县令正催征，吏卒冠而虎。铁练带身旁，声声拿粮户。搔首欲问天，民穷谁告语。

喜晴

满天开霁色，久雨喜新晴。宿雾渐收树，习习清风生。鸟声欢带绮，上下穿林鸣。稚蝶寻芳至，游鱼出水行。百卉含生意，欣欣齐向荣。人心同万物，志虑为之清。瓮头佳酿熟，呼取邻翁倾。杂坐忘宾主，欢言无送迎。同在化育中，我亦一编氓。酒酣歌且舞，击壤颂升平。

斋中读书

弱冠事词章，中岁遭屯否。戎马何倥偬，偷闲阅经史。矧今解组归，涸迹穷山里。世外任逍遥，早莫凭卧起。俯仰空千载，精心穷妙理。理明乐趣生，尘氛净如洗。旷观古贤哲，不殆在知止。人身寄天地，有生即有死。富贵何足荣，贫贱休云耻。可达亦可穷，是谓真君子。

闲居作用陶渊明还江陵诗原韵

闲居经四载，万事付空冥。偶有良朋至，杯酒话夙情。散步出幽径，园扉半掩荆。共祝桑麻长，衣食足此生。西风陨落叶，秋月照檐明。徙倚门前立，四望暮烟平。忽闻孤雁唳，中宵尚旅征。未采黄绮芝，聊学沮溺耕。力田非为苦，纂组讵云荣。百年随化尽，安知身后名。

——陈士杰《蕉云山馆诗文集》卷三（民主与建设出版社 2018 年版）

【清】夏时

夏时（1837—1906），字叔轩，桂阳直隶州（今郴州桂阳）人。历任江西、陕西巡抚，兵部侍郎、都察院右副都御使，御赐一品封典，诰授光禄大夫，建威将军。他在兴学、练兵、劝工、振商、铁路，遣留学等诸新政中多有建树，是清末新政时期地方督抚大员中颇有治绩的一位。

西安郊望

零雨洒醍醐，诗人咏载途。野青千里麦，民见一年苏。谁罢淮黄运，仍开郑白渠。转输非上策，揽辔始踌躇。

秋　夜

早凉秋意动云屏，独夜高楼望曙星。官树蝉疏风鬓冷，女墙乌定月娥醒。休嫌寂莫花临榻，每忆烟霄鹤在庭。且欲观身谢缘感，淮南木落不须听。

——张翰仪《湘雅摭残》卷十（岳麓书社 2010 年版）

【清】雷飞鹏

雷飞鹏（1863—1933），字筱秋，晚号艾叟，桂阳直隶州嘉禾县（今郴州嘉禾）人。清光绪十九年（1893）举人，二十三年补授祁阳县训导，历任湘潭县、宜章县训导，奉天省西安县（今吉林省辽源市西安区）知县。为早期同盟会会员。曾任湖南长沙图书馆馆长。著有《艾室诗文稿》《嘉禾县图志》《蓝山县图志》等。

蓝山观澜亭晓望

岭峰高于云，日升云不遮。低峰负高峰，云日若分家。郭近村若远，一抹烟横斜。水从山罅出，夭矫如修蛇。支木为略彴，居人忘港汊。平畴见鳞次，散漫滩流哗。寺钟起复没，栖树鹰惊鸦。猎搜林已空，鱼捕竭津涯。樵牧时来揭，跛僧拾蔬芽。芸芸此万类，巧拙抑何奢。朝夕无同景，奚啻阴晴差。危亭坐一叟，静观神为遐。

出湘春门谒开福寺新佛殿

北郭旷阛市，兴瞩良超夷。烦困俗事中，散游始觉怡。校经昔所舍，今过景物非。衢陌持羸车，坎窞防倾欹。苹光漾塘浒，稻苗接田畦。行行未觉远，寺树看已齐。千年旧禅域，新作存人为。自非大愿力，安得宏布施。天音下钟磬，尘梦庶弗迷。孔训懔祸福，佛说戒贪痴。俱以救世害，奈尔人心危。风廊送禽语，云旗扬午曦。听睹自寓化，兹游不可疲。

春雨绵缀，亭居似水，忽见月影，卜明日之将霁，仿张若虚春江花月夜词，作春江云月夜

春风短短春雨长，春云叠叠天苍茫。仓皇春驹骋九旬，日雨不见月夜光。空亭坐惜江山冷，占日望月久无影。今宵微月照江声，高天云势犹遮岭。岭云起灭孰司权，江月圆缺几何年？问云问月那解语，下界人世空谈天。谈天怨天等好事，雨久晴久岂无意。久晴劳歌云汉章，久雨疑下娲皇泪。花月春江月倍妍，云月春江月黯然。月黯月妍何爱憎，为云为花随因缘。愿月长圆花长好，面面云山净如扫。处处春江月样新，处处春山花事早。花早月新见故情，故情莫比新情轻。早花新月催人老，今古乾坤殊草草。疑云疑雨日日忙，帝天梦梦醉且狂。南山白石我思存，喜见月镜如初妆。月低云敛亭台静，春波滟滟江流永。枝头夜乌尔清警，明朝唤我看日景。

山楼夕望

红霞漾汀渚，碧汉入金波。峰极云犹让，滩平石不磨。狂风枯树少，斜日乱山多。东望盈盈月，繁烟一带拖。

甲子上巳游开福寺古禊祓亭步醒速居士韵

城中今日属谁家，一角湘城万柳斜。帝女烟波酣戏鹢，马王宫阙剩栖鸦。莺飞草长诗魂健，地老天荒酒梦赊。如此湖山如此好，凭君清咏敌悲笳。

——张翰仪《湘雅摭残》卷十五（岳麓书社2010年版）

春游入晋屏山口

春泥处处滑，春云树树齐。炊烟出瓦缝，溪声入马蹄。林深人忽逢，峰高天可梯。区麦大小种，寒蔬三五畦。迎客桃源犬，候时栗里鸡。衫竹太古色，幽禽时一啼。尘劳尚可释，偓佺相与栖。

——《[民国]嘉禾县图志》卷五（民国二十年铅印本）

【清】夏寿田

夏寿田（1870—1935），字耕父，号午诒，别号直心居士，桂阳直隶州（今郴州桂阳）人。清光绪二十四年（1898）戊戌科夏同龢榜戊戌进士第八名，殿试榜眼及第。宣统三年（1911）授朝议大夫，民国三年（1914）为袁世凯内阁大总统秘书。后任曹锟内阁机要秘书。民国十六年南京国民政府拟任夏寿田为青岛市长，辞任不就，赴上海定居，参禅悟道，自号畸道人、直心居士。著有《直心道场诗稿》若干卷存世。

扬州慢·西州引　出资州作

上将星沉，戟门鼓绝，大旗落日犹明。听寒潮万叠，打一片空城。七十日、河山涕泪，霜髯玉节，顿隔平生。剩南乌，绕树惊回，画角残声。

伏波马革，更休悲、蝼蚁长鲸。料鱼复江沉，瞿塘石转，此恨难平。惆怅江潭种柳，西风外、一碧无情。只羊昙老泪，西州门外还倾。

高阳台·驿庭花　永川驿寺题壁，答朱云石

鼓角翻江，旌旗转峡，益州千里云昏。有客哀时，江头自拭啼痕。谁知铁马金戈际，共闲宵、细雨清尊。喜风流词笔，人间玉树还存。

是非成败须臾事，任黄花压鬓，相对忘言。虎战龙争，几人喋血中原？莫随野老吞声哭，纵眼枯、不尽烦冤。付驿庭花落，他年此际销魂。

凄凉犯·古槐　忠敏故宅

古槐疏冷，门前路、山河暗感离索。几回醉舞，黄花烂漫，半颓巾角。风怀不恶，况人世、功名早薄。甚青山、不同白发，此恨付冥漠。

三峡啼猿恶，一夕魂销，驿庭花落。梦归化鹤，忍重见、人民城郭。树鸟嘶风，似当日、龙媒系著。恨侯嬴、

不共属镂负素约。

采桑子·为郑叔进题先德幼惺道使《醉携红袖看吴钩》图

太平无事尚书老，闲杀江东。退省从容。赢得骑驴夕照中。粗官毕竟成何事？不是英雄。也解匆匆，只合空山作卧龙。

相如未老文君在，负了花枝。愁对金卮。况是江南三月时。家亡国破成诗料，一榻轻飔。两鬓霜丝，那辨微之与牧之。

——夏敬观《忍古楼词话》（上海古籍出版社2005年版《词综补遗》卷七十九）

百字令·江亭词

西山晴黛，阅千年兴废，依然苍好。竖子英雄都一例，付与断烟荒草。一勺南湖，明霞碧水，未觉风光少。不堪回首，酒徒词客俱老。

休问沧海桑田，龙争虎战，闲事何时了。听唱孤蒲新曲子，洗尽从前懊恼。随分题襟，等闲侧帽，一角江亭小。不辞尽醉，明朝花下来早。

——《杨度集》卷二（刘晴波主编，湖南人民出版社1986年版）

庚午即事

青松八九树，结夏两三人。各有随缘意，俱成自在身。渊明形赠影，临济主看宾。为问禅窠老，于中那个亲？

松涛风雨至，诗讯海潮来。虎啸龙吟后，千山万壑开。真成千句偈，不负百年裁。莫惜青藜杖，朝朝破绿苔。

长沙三日火，玉石恐俱焚。三户人余几，孤城鸟不闻。定王台下瓦，虞帝岭头坟。凄绝道林树，那堪更斧斤。

敢道庄齐物，能忘屈远游。梁鸿虽赁庑，王粲莫登楼。旅泊惊三宿，浮家狎一沤。新秋无限好，月上海东头。

西安入都道中杂诗（二十首节录五首）

猎猎戍旗风，关城曙色通。云生双华白，月落九河空。立马看天险，横流惜霸功。徒怀匡济略，今日始知穷。

富贵真蝉翼，花前谢绿珠。风云朝唱起，弦管夜台虚。华发悲卿位，香尘委乱余。早知金谷恨，不羡武陵居。

铜雀台前月，深深照客愁。英灵余顾盼，尊酒忆风流。香瓦飘零尽，春风烂漫游。驱车忘远近，随意数沙鸥。

晓月渡滹沱，东风卷白波。驱龙排电过，驻马听夷歌。辇路无惊跸，期门自枕戈。遥知禹甸外，同轨伫休和。

闻说庚年祸，黄尘蔽上都。死渠流战血，华屋长夷雏。霜暖梁间燕，秋骄堞上乌。从来家国恨，怨魄莫轻呼。

——张翰仪《湘雅摭残》卷十（岳麓书社 2010 年版）

【清】邓典谟

邓典谟（1874—1946），字钦甫，号晓峰，晚号庸庵老人，郴州直隶州宜章县（今郴州宜章）人。历任浙江盐大使，温州、台州两府佐治员、温州府发审委员、戒烟局坐办委员、统计处编审员等职。民国元年（1912）任郴郡六城公立中学校长。民国二年为衡山县知事。旋赴京供职于北洋政府国务院铨叙局。国民政府定都南京后任行政院一等书记官。民国二十五年告老还乡，专事宜章县志纂修，并在宜章县邓家湾设国学社。主要著述有《论语会通》《本草注要》《宜章县志》《慵庵集》等。

故都竹枝词

乐府争传得宝歌，故宫法物近如何？百船载向瀛洲卖，自昔佳人作贼多。

邓典谟自注：谓清故宫古物被盗案。

琉璃厂北虎坊前，曼衍鱼龙闹管弦。碧眼胡儿黄发女，嬉春争掷听歌钱。

新翻花样写蛮笺，玉体横陈绝可怜。仪态万方传画本，赤条条地小游仙。

邓典谟自注：谓故都裸体画。

贞元朝士已无多，日夕沧桑付啸歌。穷饿不知天命改，西山薇蕨问如何？

——《中华竹枝词全编》北京卷（北京出版社2007年版）

青溪九曲棹歌

子夜曾闻子夜歌，深情款款托微波。青溪九曲连环样，持较依心未觉多。

筝琶辍响咽啼莺，画舫无人镇日横。谁解当年贤相意，东山女伎亦苍生。

神女生涯在水滨，门楣不复齿齐民。孝陵虐政今犹在，著论何人拟过秦。

邓典谟自注：青溪船妇多张姓，云是张士诚之后裔。明初即编入乐户，禁止陆居。惜无人仿《过秦论》以过明也。

盈盈一水袅轻烟，杨柳深深绕画船。偶向榜人谈故事，依稀记是赤乌年。

短短芦芽浅浅波，深情一往偶闻歌。浮家泛宅长如此，我亦神仙张志和。

——《中华竹枝词全编》江苏卷（北京出版社2007年版）

察院坊碑

道貌蔼然，神采奕庆，其所以熙帝载而福民生者，方未艾也。瓯人公建察院坊以表直臣，属典谟序之。乃为赞曰：

繄古东瓯，扶舆磅礴。北轴雁山，东襟鳀壑。山川降神，笃生直臣。集肩兆凤，摩顶识侯。

矫矫先生，天人奇表。补衮建言，委蛇学道。学道伊何，处约能安。渊珠光炯，宝鼎神寒。建言伊何，柔吐刚茹。箱肃乌台，风生骢驭。承帝日咨，耳目汝司。左右宣力，汝翼汝为。公拜稽首，对扬休命。执法臣职，敢忘谏诤。指家干国，唯孝与忠。匑匑如畏，蹇蹇匪躬。威凤九苞，神羊一角。鸣佩绣衣，激扬清浊。恂恂先生，深藏若虚。家无谏草，庭有赐书。行年七十，德音是茂。眉寿百年，南椇北枸。有里枫林，实号高阳。绰楔干云，邦家之光。猗与先生，吁谟秩秩。用垂颂声，以保贞吉。

举人补用盐大使后学宜章邓典谟顿首拜撰。

嫡堂侄象严沐手敬书。

宣统元年己酉正月谷旦。

按：一九〇九年二月，邓典谟应黄式苏之邀，为温州察院坊题写《察院坊碑文》，以表彰监察御史徐定超。此碑为青石质，长方形，高四十七厘米、宽八十厘米、厚四十八厘米，正文二十行，满行十四字，楷书阴直刻，置于永嘉县枫林镇圣旨门街御史祠内，为国家二级文物。

——《温州历代碑刻二集》（上海社会科学院出版社 2006 年版）

寓郴名家文献选

【上古】舜

舜（生卒年不详），史称虞舜。名重华，轩辕黄帝八世孙，华夏民族共同始祖之一。相传舜帝南巡时，登郴州临武县武水边山寨『弹五弦之琴，歌《南风》之诗』。后此山寨名为舜峰寨，石名韶石，今存。

南风歌二首（其一）

南风之薰兮，可以解吾民之愠兮；南风之时兮，可以阜吾民之财兮。

——《乐府诗集》卷五十七（民国八年影印《四部丛刊》本）

【西汉】马援

马援（前14—49），字文渊，扶风茂陵（今陕西兴平）人。西汉末年至东汉初年军事家，东汉开国功臣之一。东汉建武年间，马援为伏波将军领军南征交趾（越南）反乱，过郴州临武县境时作《武溪深行》。

武溪深行

滔滔武溪一何深，鸟飞不渡，兽不敢临。嗟哉！武溪兮多毒淫！

——《乐府诗集》卷七十四（民国八年影印《四部丛刊》本）

【三国】曹植

曹植（192—232），字子建，沛国谯县（今安徽亳县）人。魏武帝曹操之子。三国时代著名诗人。所作《神农赞》之『造为耒耜』句，典出郴州汝城县耒山。

神农赞

少典之胤，火德承木。造为耒耜，导民播谷。正为雅琴，以畅风俗。

——《艺文类聚》卷十一（《文渊阁四库全书》本）

【南北朝】吴均

吴均（469—520），字叔庠，南朝梁吴兴故鄣（今浙江安吉）人。曾任吴兴刺史，后任主簿，奉诏撰通史，未成而卒。其诗文颇受时人推重。

赠王桂阳

松生数寸时，遂为草所没。未见笼云心，谁知负霜骨。弱干可摧残，纤茎易凌忽。何当数千尺，为君覆明月。

——《〔嘉庆〕郴州总志》卷三十七（清嘉庆二十五年刻本）

赠王桂阳诗别三首

一

昔闻杨伯起，拖玉振清风。高华积海外，名实满山东。自有五都相，非无四世公。临窗惊白日，倚匣曳轻虹。愿持鹔鹴羽，岁暮依梧桐。

二

客子惨无欢，送别江之干。白云方渺渺，黄鸟尚关关。纠纷巫山石，合沓洞庭澜。行衣侵晓露，征舠犯夜湍。无因停合浦，见此去珠还。

三

树响浃山来，猿声绕岫急。旅帆风飘扬，行巾露沾湿。深浪暗蒹葭，浓云没城邑。不见别离人，独有相思泣。

——《汉魏六朝一百三家集》卷一百一（《文渊阁四库全书》本）

【隋】薛道衡

薛道衡（540—609），字玄卿，河东郡汾阴县（今山西万荣）人。隋朝大臣、诗人。为隋朝内史侍郎，曾出守海隅，途经郴州。

入郴江

仗节遵严会，扬舲溯急流。征途非白马，水势类黄牛。跳波鸣石碛，溅沫拥沙洲。岸回槎倒转，滩长船却浮。缘崖频断挽，挂壁屡移钩。还忆青丝骑，东方来上头。

——《〔嘉庆〕郴州总志》卷三十七（清嘉庆二十五年刻本）

【唐】骆宾王

骆宾王（约640—约684），婺州义乌（今浙江义乌）人。历任武功、长安主簿，入朝为侍御史。唐代著名诗人，为『初唐四杰』之一。后贬为临海县丞，途经郴州。

北眺春陵

揽辔疲宵迈，驱马倦晨兴。既出封泥谷，还过避雨陵。山行明照上，溪宿密云蒸。登高徒欲赋，词殚独抚膺。

按：春陵，郴州桂阳县境之春陵江。

晚憩田家

转蓬劳远役，披薜下田家。山形类九折，水势急三巴。悬梁接断岸，涩路拥崩查。雾岩沦晓魄，风溆涨寒沙。心迹一朝舛，关山万里赊。龙章徒表越，闽俗本殊华。旅行悲泛梗，离赠折疏麻。唯有寒潭菊，独似故园花。

——《全唐诗》卷七十七（中华书局1999年版，下同）

【唐】沈佺期

沈佺期（约656—714），字云卿，相州内黄（今河南内黄）人。唐高宗上元二年（675）进士，累迁考功郎中、给事中等官。唐代著名诗人，其诗名与宋之问齐，时称『沈宋』。有《沈佺期集》传世。生前因媚事武则天宠臣张易之，流放驩州（今越南北部）途经郴州。唐中宗神龙时（705—707），沈从驩州被召回再经郴州。

自昌乐郡泝流至白石岭下行入郴州

兹山界夷夏，天险横寥廓。太史漏登探，文命限开凿。北流自南泻，群峰回众壑。驰波如电腾，激石似雷落。崖留盘古树，涧蓄神农药。乳窦何淋漓，苔藓更彩错。娟娟潭里虹，渺渺滩边鹤。岁杪应流火，天高云雾薄。金风吹绿梢，玉露洗红箨。泝舟始兴廨，登践桂阳郭。匍匐缘修坂，穹窿曳长索。碍林阻往来，遇堰每前却。救艰不遑饭，毕昏无暇泊。濯溪宁足惧，磴道谁云恶。我行山水间，湍险皆不若。安能独见闻，书此贻京洛。

神龙初废逐南荒途出郴口北望苏耽山

少曾读仙史，知有苏耽君。流望来南国，依然会昔闻。泊舟问耆老，遥指孤山云。孤山郴郡北，不与众山群。重崖下萦映，嶛峣上纠纷。碧峰泉附落，红壁树傍分。选地今方尔，升天因可云。不才予窜迹，羽化子遗芬。将览成麟凤，旋惊御鬼文。此中迷出处，含思独氛氲。

——《全唐诗》卷九十五

【唐】宋之问

宋之问（约656—712），一名少连，字延清，汾州（今山西汾阳）人。唐朝著名诗人。唐高宗上元二年（675）进士，中宗时任修文馆学士。中宗景龙二年（708）被贬谪泷州（今广东罗定），途经郴州（时为桂阳郡）。

和赵员外桂阳桥遇佳人

江雨朝飞浥细尘，阳桥花柳不胜春。金鞍白马来从赵，玉面红妆本姓秦。妒女犹怜镜中发，侍儿堪感路傍人。荡舟为乐非吾事，自叹空闺梦寐频。

——《全唐诗》卷五十三

【唐】张九龄

张九龄（678—740），字子寿，一名博物，韶州（今广东韶关）人。唐代名相。长安二年（702）进士。唐玄宗时官中书门下平章事、中书令，直言敢谏，有政声。有诗《曲江集》传世。郴州与韶州相邻，为张九龄进京回乡的必经之所。其《自湘水南行》指郴境水道。

自湘水南行

落日催行舫，逶迤洲渚间。虽云有物役，乘此更休闲。暝色生前浦，清晖发近山。中流澹容与，唯爱鸟飞还。

——《全唐诗》卷四十八

南还湘水言怀

拙宦今何有，劳歌念不成。十年乖夙志，一别悔前行。归去田园老，倘来轩冕轻。江间稻正熟，林里桂初荣。鱼意思在藻，鹿心怀食苹。时哉苟不达，取乐遂吾情。

——《全唐诗》卷四十九

【唐】王昌龄

王昌龄（698—757），字少伯，京兆长安（今陕西西安）人。唐开元十五年（727）进士，曾任校书郎，汜水县尉。谪岭南时，经郴州。以边塞诗著名，是七言绝句的高手。其诗名与高适、王之涣齐。有《王昌龄集》传世。

出郴山口至叠石湾野人室中寄张十一

槠楠无冬春，柯叶连峰稠。阴壁下苍黑，烟含清江楼。景开独沿曳，响答随兴酬。旦夕望吾友，如何迅孤舟。叠沙积为岗，崩剥雨露幽。石脉尽横亘，潜潭何时流。既见万古色，颇尽一物由。永与世人远，气还草木收。盈缩理无余，今往何必忧。郴土群山高，耆老如中州。孰云议舛降，岂是娱宦游。阴火昔所伏，丹砂将尔谋。昨临苏耽井，复向衡阳求。同疢来相依，脱身当有筹。数月乃离居，风湍成阻修。野人善竹器，童子能溪讴。寒月波荡漾，羁鸿去悠悠。

——《全唐诗》卷一百四十

【唐】王维

王维（701—761），字摩诘，河东蒲州（今山西运城）人。唐代诗人、画家。唐开元九年（721）进士。官至尚书右丞，世称王右丞。后期参禅悟道，学庄信道，有『诗佛』之称。

送杨少府贬郴州

明到衡山与洞庭，若为秋月听猿声。愁看北渚三湘远，恶说南风五两轻。青草瘴时过夏口，白头浪里出湓城。

长沙不久留才子，贾谊何须吊屈平。

——《全唐诗》卷一百二十八

【唐】高适

高适（约702—765），字达夫，沧州渤海蓨县（今河北沧州）人。曾任散骑常侍，人称高常侍。他曾两次出塞，以写边塞诗闻名。时与岑参并称『高岑』。有《高常侍集》传世。

送桂阳孝廉

桂阳年少西入秦，数经甲科犹白身。即今江海一归客，他日云霄万里人。

——《全唐诗》卷二百一十五

【唐】刘长卿

刘长卿（709—789），字文房，唐河间（今河北河间）人。唐天宝间进士，历任长州尉、监察御史、隋州刺史、淮西观察使。因刚正犯上，被贬播州（今广东茂名）南邑尉，途经郴州，作诗数首。著有《刘随州集》《刘随州诗集》。

逢郴州使因寄郑协律

相思楚天外，梦寐楚猿吟。更落淮南叶，难为江上心。衡阳问人远，湘水向君深。欲逐孤帆去，茫茫何处寻。

逢雪宿芙蓉山主人

日暮苍山远，天寒白屋贫。柴门闻犬吠，风雪夜归人。

送李侍御贬郴州

洞庭波渺渺，君去吊灵均。几路三湘水，全家万里人。听猿明月夜，看柳故年春。忆想汀洲畔，伤心向白苹。

洞庭驿逢郴州使还寄李汤司马

洞庭秋水阔，南望过衡峰。远客潇湘里，归人何处逢。孤云飞不定，落叶去无踪。莫使沧浪叟，长歌笑尔容。

——《全唐诗》卷一百四十七

桂阳西州晚泊古桥村住人

洛阳别离久，江上心可得。惆怅增暮情，潇湘复秋色。故山隔何处，落日羡归翼。沧海空自流，白鸥不相识。悲蛩满荆渚，辍棹徒沾臆。行客念寒衣，主人愁夜织。帝乡片云去，遥寄千里忆。南路随天长，征帆杳无极。

——《全唐诗》卷一百四十九

入桂渚次砂牛石穴

扁舟傍归路，日暮潇湘深。湘水清见底，楚云淡无心。片帆落桂渚，独夜依枫林。枫林月出猿声苦，桂渚天寒桂花吐。此中无处不堪愁，江客相看泪如雨。

——《全唐诗》卷一百五十一

【唐】李白

李白（710—762），字太白，号青莲居士，祖籍陇西成纪（今甘肃秦安）人。幼随父迁居绵州昌隆（今四川江油）青莲乡。为唐著名浪漫主义诗人，世称『诗仙』，与『诗圣』杜甫齐名。有《李太白诗集》传世。

同王昌龄送族弟襄归桂阳二首

秦地见碧草，楚谣对清樽。把酒尔何思，鹧鸪啼南园。余欲罗浮隐，犹怀明主恩。踌躇紫宫恋，孤负沧洲言。终然无心云，海上同飞翻。相期乃不浅，幽桂有芳根。

尔家何在潇湘川，青莎白石长沙边。昨梦江花照江日，几枝正发东窗前。觉来欲往心悠然，魂随越鸟飞南天。秦云连山海相接，桂水横烟不可涉。送君此去令人愁，风帆茫茫隔河洲。春潭琼草绿可折，西寄长安明月楼。

按：唐时桂阳郡即今郴州。

——《全唐诗》卷一百七十六

秋浦清溪雪夜对酒客有唱山鹧鸪者

披君貂襜褕，对君白玉壶。雪花酒上灭，顿觉夜寒无。客有桂阳至，能吟山鹧鸪。清风动窗竹，越鸟起相呼。持此足为乐，何烦笙与竽。

——《全唐诗》卷一百七十九

【唐】杜甫

杜甫（712—770），字子美，祖籍襄阳（今湖北襄阳），生于巩县（今河南巩县）。自称少陵野老，故称杜少陵。唐天宝十四载（755）被任为右卫率府胄曹参军。肃宗时，官左拾遗。乾元二年（759）弃官入蜀，居成都。广德二年（764）任检校工部员外郎，又称杜工部。代宗大历三年（768）杜甫携妻儿出川，投亲代摄郴州妻舅崔伟家，船至郴境，遇洪水退耒阳，客死耒水舟中。杜甫世称『诗圣』。有《杜少陵集》（一称《杜工部集》）传世。

奉送二十三舅录事之摄郴州

贤良归盛族，吾舅尽知名。徐庶高交友，刘牢出外甥。泥涂岂珠玉，环堵但柴荆。衰老悲人世，驱驰厌甲兵。气春江上别，泪血渭阳情。舟鹢排风影，林乌反哺声。永嘉多北至，句漏且南征。必见公侯复，终闻盗贼平。郴州颇凉冷，橘井尚凄清。从役何蛮貊，居官志在行。

舟中夜雪有怀卢十四侍御弟

朔风吹桂水，朔雪夜纷纷。暗度南楼月，寒深北渚云。烛斜初近见，舟重竟无闻。不识山阴道，听鸡更忆君。

——《全唐诗》卷二百三十三

入衡州

兵革自久远，兴衰看帝王。汉仪甚照耀，胡马何猖狂。老将一失律，清边生战场。君臣忍瑕垢，河岳空金汤。重镇如割据，轻权绝纪纲。军州体不一，宽猛性所将。嗟彼苦节士，素于圆凿方。寡妻从为郡，兀者安堵墙。凋弊惜邦本，哀矜存事常。旌麾非其任，府库实过防。恕已独在此，多忧增内伤。偏裨限酒肉，卒伍单衣裳。元恶迷是似，聚谋泄康庄。竞流帐下血，大降湖南殃。烈火发中夜，高烟焦上苍。至今分粟帛，杀气吹沅湘。福善理颠倒，明征天莽茫。销魂避飞镝，累足穿豺狼。隐忍枳棘刺，迁延胝趼疮。远归儿侍侧，犹乳女在旁。久客幸脱免，暮年惭激昂。萧条向水陆，汩没随鱼商。报主身已老，入朝病见妨。悠悠委薄俗，郁郁回刚肠。参错走洲渚，春容转林篁。片帆左郴岸，通郭前衡阳。华表云鸟埤，名园花草香。旗亭壮邑屋，烽橹蟠城隍。中有古刺史，盛才冠岩廊。扶颠待柱石，独坐飞风霜。昨者间琼树，高谈随羽觞。无论再缱绻，已是安苍黄。剧孟七国畏，马卿四赋良。门阑苏生在，勇锐白起强。问罪富形势，凯歌悬否臧。氛埃期必扫，蚊蚋焉能当？橘井旧地宅，仙山引舟航。此行厌暑雨，厥土闻清凉。诸舅剖符近，开缄书札光。频繁命屡及，磊落字百行。江总外家养，谢安乘兴长。下流匪珠玉，择木羞鸾皇。我师嵇叔夜，世贤张子房。柴荆寄乐土，鹏跃观翱翔。

聂耒阳以仆阻水，书致酒肉，疗饥荒江，诗得代怀，兴尽本韵。至县，呈聂令。陆路去方田驿四十里，舟行一日，时属江涨，泊于方田

耒阳驰尺素，见访荒江眇。义士烈女家，风流吾贤绍。昨见狄相孙，许公人伦表。前期翰林后，屈迹县邑小。知我碍湍涛，半旬获浩溔。麾下杀元戎，湖边有飞旐。孤舟增郁郁，僻路殊悄悄。侧惊猿猱捷，仰羡鹳鹤矫。礼过宰肥羊，愁当置清醥。人非西喻蜀，兴在北坑赵。方行郴岸静，未话长沙扰。崔师乞已至，澧卒用矜少。问罪消息真，开颜憩亭沼。

——《全唐诗》卷二百二十三

奉送十七舅下邵桂

绝域三冬暮，浮生一病身。感深辞舅氏，别后见何人。漂渺苍梧帝，推迁孟母邻。昏昏阻云水，侧望苦伤神。

——《全唐诗》卷二百三十一

【唐】元结

元结（719—772），字次山，自号浪士、漫郎、聱叟，汝州鲁山（今河南鲁山）人。唐朝文学家。唐天宝十二载（753）三十六岁登进士第。安史之乱时，因平乱功绩，授水部员外郎，兼殿中侍御史，充节度判官。后迁道州刺史。著有《元次山集》。

橘井

灵橘无根井有泉，世间如梦又千年。乡园不见重归鹤，姓字今为第几仙。风冷露坛人悄悄，地闲荒径草绵绵。如何蹑得苏君迹，白日霓旌拥上天。

——《全唐诗》卷二百四十一

按：橘井，在今郴州一中内。

【唐】戴叔伦

戴叔伦（732—789），字幼公，润州金坛（今江苏金坛）人。唐德宗贞元十六年（800）进士。曾任抚州（今江西抚州）刺史，历参湖南、江西幕府等，后擢升为容管经略使，颇有政绩。著有《戴叔伦集》。

过郴州

地尽江南戍，山分桂北林。火云三月合，石路九疑深。暗谷随风过，危桥共鸟寻。羁魂愁似绝，不复待猿吟。

按：此诗《全唐诗》标为《过柳州》，据题注应为《过郴州》。柳州在广西境内，与诗中『九疑』相去甚远，误也。

柳花歌送客往桂阳

沧浪渡头柳花发，断续因风飞不绝。摇烟拂水积翠间，缀雪含霜谁忍攀。夹岸纷纷送君去，鸣棹孤寻到何处。移家深入桂水源，种柳新成花更繁。定知别后消散尽，却忆今朝伤旅魂。

送观察李判官巡郴州

征役各异路，烟波同旅愁。轻桡上桂水，大艑下扬州。何处成后会，今朝分旧游。离心比杨柳，萧飒不胜秋。

——《全唐诗》卷二百七十三

送孙直游郴州

孤舟上水过湘沅，桂岭南枝花正繁。行客自知心有托，不闻惊浪与啼猿。

将巡郴永途中作

行役留三楚，思归又一春。自疑冠下发，聊此镜中人。机息知名误，形衰恨道贫。空将旧泉石，长与梦相亲。

湘南即事

卢橘花开枫叶衰，出门何处望京师。沅湘日夜东流去，不为愁人住少时。

——《全唐诗》卷二百七十四

【唐】杨於陵

杨於陵（753—830），字达夫，弘农（今河南灵宝）人。唐大历六年（771）擢进士第，历官吏部郎中、中书舍人、入京兆尹，累官至户部尚书。宪宗元和十一年（816），任郴州桂阳郡刺史。

郡斋有紫薇双本自朱明接于徂暑其花芳馥数旬犹茂庭宇之内迥无其伦予嘉其美而能久因诗纪述

晏朝受明命，继夏走天衢。逮兹三伏候，息驾万里途。省躬既跼蹐，结思多烦纡。簿领幸无事，宴休谁与娱。内斋有嘉树，双植分庭隅。绿叶下成幄，紫花纷若铺。摛霞晚舒艳，凝露朝垂珠。炎沴昼方铄，幽姿闲且都。夭桃固难匹，芍药宁为徒。懿此时节久，讵同光景驱。陶甄试一致，品汇乃散殊。濯质非受彩，无心那夺朱。粤予负羁絷，留赏益踟蹰。通夕靡云倦，西南山月孤。

——《全唐诗》卷三百三十

【唐】韩愈

韩愈（768—824），字退之，河南河阳（今河南孟县）人，祖籍郡望昌黎郡（今河北昌黎），世称韩昌黎。卒谥文，世称韩文公。唐代文学家，『唐宋八大家』之首，与柳宗元共同倡导古文运动，合称『韩柳』。宋代大文豪苏轼称赞他『文起八代之衰，道济天下之溺，忠犯人主之怒，勇夺三军之帅』。著作有《昌黎先生集》《韩愈全集》等。韩愈一生与郴结缘，六过郴州，留下众多脍炙人口的诗文。

八月十五夜赠张功曹

张功曹，署也。愈与署以贞元二十一年二月二十四日赦自南方，俱徒掾江陵。至是俟命于郴，而作是诗。

纤云四卷天无河，清风吹空月舒波。沙平水息声影绝，一杯相属君当歌。君歌声酸辞且苦，不能听终泪如雨。洞庭连天九疑高，蛟龙出没猩鼯号。十生九死到官所，幽居默默如藏逃。下床畏蛇食畏药，海气湿蛰熏腥臊。昨者州前捶大鼓，嗣皇继圣登夔皋。赦书一日行万里，罪从大辟皆除死。迁者追回流者还，涤瑕荡垢清朝班。州家申名使家抑，坎轲只得移荆蛮。判司卑官不堪说，未免捶楚尘埃间。同时辈流多上道，天路幽险难追攀。君歌且休听我歌，我歌今与君殊科。一年明月今宵多，人生由命非由他，有酒不饮奈明何？

忆昨行和张十一

忆昨夹钟之吕初吹灰，上公礼罢元侯回。车载牲牢瓮舁酒，并召宾客延邹枚。腰金首翠光照耀，丝竹迥发清以哀。青天白日花草丽，玉斝屡举倾金罍。张君名声座所属，起舞先醉长松摧。宿酲未解旧痁作，深室静卧闻风雷。自期殒命在春序，屈指数日怜婴孩。危辞苦语感我耳，泪落不掩何漼漼。念昔从君渡湘水，大帆夜划穷高桅。阳山鸟路出临武，驿马拒地驱频隤。践蛇茹蛊不择死，忽有飞诏从天来。伾文未揃崖州炽，虽得赦宥恒愁猜。近者三奸悉破碎，羽窟无底幽黄能。眼中了了见乡国，知有归日眉方开。今君纵署天涯吏，投檄北去何难哉？无妄之忧勿药喜，一善自足禳千灾。头轻目朗肌骨健，古剑新劚磨尘埃。殃消祸散百福并，从此直至耇与鲐。嵩山东头伊洛岸，胜事不假须穿栽。君当先行我待满，沮溺可继穷年推。

按：张十一，即张署，唐德宗贞元十九年（803）贬临武令，韩愈因同案贬阳山令。

——《全唐诗》卷三百三十八

答张十一功曹

山净江空水见沙，哀猿啼处两三家。筼筜竞长纤纤笋，踯躅闲开艳艳花。未报恩波知死所，莫令炎瘴送生涯。吟君诗罢看双鬓，斗觉霜毛一半加。

题张十一旅舍三咏

榴花

五月榴花照眼明，枝间时见子初成。可怜此地无车马，颠倒青苔落绛英。

井

贾谊宅中今始见，葛洪山下昔曾窥。寒泉百尺空看影，正是行人渴死时。

蒲萄

新茎未遍半犹枯，高架支离倒复扶。若欲满盘堆马乳，莫辞添竹引龙须。

叉鱼招张功曹

叉鱼春岸阔，此兴在中宵。大炬然如昼，长船缚似桥。深窥沙可数，静搒水无摇。刃下那能脱？波间或自跳。中鳞怜锦碎，当目讶珠销。迷火逃翻近，惊人去暂遥。竞多心转细，得隽语时嚣。潭罄知存寡，舷平觉获饶。交头疑凑饵，骈首类同条。濡沫情虽密，登门事已辽。盈车欺故事，饲犬验今朝。血浪凝犹沸，腥风远更飘。盖江烟幂幂，拂棹影寥寥。獭去愁无食，龙移惧见烧。如棠名既误，钓渭日徒消。文客惊先赋，篙工喜尽谣。脍成思我友，观乐忆吾僚。自可捐忧累，何须强问鸮。

郴州祈雨

乞雨女郎魂，炰羞洁且繁。庙开鼯鼠叫，神降越巫言。旱气期销荡，阴官想骏奔。行看五马入，萧飒已随轩。

湘中酬张十一功曹

休垂绝徼千行泪，共泛清湘一叶舟。今日岭猿兼越鸟，可怜同听不知愁。

郴口又赠二首

山作剑攒江写镜，扁舟斗转疾于飞。回头笑向张公子，终日思归此日归。

雪飐霜翻看不分，雷惊电激语难闻。沿涯宛转到深处，何限青天无片云。

题木居士二首

火透波穿不计春，根如头面干如身。偶然题作木居士，便有无穷求福人。

为神讵比沟中断，遇赏还同爨下余。朽蠹不胜刀锯力，匠人虽巧欲何如？

李员外寄纸笔

题是临池后，分从起草余。兔尖针莫并，茧净雪难如。莫怪殷勤谢，虞卿正著书。

按：李员外，李伯康也，郴州刺史。

——《全唐诗》卷三百四十三

送孟琯序

今秋，见孟生于郴，年甚少，礼甚度，手其文一编，甚钜。退披其编以读之，尽其书无有不能，吾固心存而目识之矣。其十月，吾道于衡潭以之荆，累累见孟氏子焉，其所与偕尽善人长者，吾益以奇之。今将去是，而随举于京师，虽不有请，犹将强而授之，以就其志，况其请之烦耶。京师之进士以千数，其人靡所不有，吾常折肱焉。其要在详择而固交之。善，虽不吾与，吾将强而附；不善，虽不吾恶，吾将强而拒。苟如是，其于高爵犹阶而升堂，又况其细故者耶？

按：孟琯（789—？），郴州人。唐宪宗元和五年（810）中进士。著有《岭南异物志》，已佚。

送廖道士序

五岳于中州，衡山最远。南方之山，巍然高而大者以百数，独衡为宗。最远而独为宗，其神必灵。衡之南八九百里，地益高，山益峻，水清而益驶。其最高而横绝南北者岭。郴之为州，在岭之上，测其高下得三之二焉。中州清淑之气，于是焉穷。气之所穷，盛而不过，必蜿蟺扶舆，磅礴而郁积。衡山之神既灵，而郴之为州，又当中州清淑之气蜿蟺扶舆磅礴而郁积。其水土之所生，神气之所感，白金、水银、丹砂、石英、钟乳，橘柚之包，竹筒之美，千寻之名材，不能独当也。意必有魁奇忠信材德之民生其间，而吾又未见也。其无乃迷惑溺没于佛老之学，而不出耶？廖师郴民，而学于衡山，气专而容寂，多艺而善游，岂吾所谓魁奇而迷溺者耶？廖师善知人，若不在其身心，必在其所与游。访之而不吾告，何也？于其别，申以问之。

按：廖道士，名法正，一名通玄，郴州人。唐时苏仙岭景星观道士。

——《［嘉庆］郴州总志》卷三十五（清嘉庆二十五年刻本）

祭郴州李使君文

维年月日，将仕郎守江陵府法曹参军韩愈，谨以清酌庶羞之奠，敬祭于故郴州李使君之灵。古语有之『白头如新，倾盖若旧』。顾意气之何如，何日时之足究。当贞元之癸未，愓皇威而左授。伏荒炎之下邑，嗟名颓而位仆。历贵部而西迈，迩清光于暂觏。言莫交而情无由，既不贾而奚售。哀穷遐之无徒，挈百忧以自副。辱问讯之绸缪，恒饱饥而愈疚。接雄词于章句，窥逸迹于篆籀。苞黄甘而致贻，获纸笔之双贸。投《叉鱼》之短韵，愧韬瑕而举秀。俟新命于衡阳，费薪刍于馆候。空大亭以见处，憩水木之幽茂。逞英心于纵博，沃烦肠以清酎。航北河之空明，觑鳞介之惊透。宴州楼之豁达，众管啾而并奏。得恩惠于新知，脱穷愁于往陋。辍行谋于俄顷，见秋月之三彀。逮天书之下降，犹低徊以宿留。念暌离之在期，谓此会之难又。授缟纻以托心，示兹诚之不谬。倘后日之北迁，约穷欢于一昼。虽掾俸之酸寒，要拔贫而为富。何人生之难信，捐斯言而莫就。始讶信于暂疏，遂承凶于不救。见明旌之低昂，尚迟疑于别褒。忆交酬而迭舞，奠单杯而哭柩。美夫君之为政，不挠志于谗构。遭唇舌之纷罗，独陵晨而孤雊。彼憸人之浮言，虽百车其何诟。洞古往而高观，固邪正之相寇。幸窃睹其始终，敢不明白而蔽覆。神乎来哉，辞以为侑。尚飨。

按：李使君，即李伯康。时任郴州刺史。

——《全唐文》卷五百六十八（中华书局1983年版）

【唐】张署

张署（生卒年不详），河间（今河北河间）人。唐德宗贞元年间以进士举博学宏词，拜监察御史。后进谏被贬为临武县令。

赠韩退之

九疑峰畔二江前，恋阙思乡日抵年。白简趋朝曾并命，苍梧左宦一联翩。鲛人远泛渔舟水，鹏鸟闲飞露里天。涣汗几时流率土，扁舟西下共归田。

——《全唐诗》卷三百一十四

【唐】刘禹锡

刘禹锡（772—842），字梦得，河南洛阳人。唐朝文学家、哲学家。唐贞元九年（793）进士，任监察御史。

后贬为朗州（今湖南常德）司马。复贬为连州刺史。诗与白居易齐名，并称『刘白』。有《刘宾客集》传世。刘禹锡贬连州时途经郴州，作诗数首。

度桂岭歌

桂阳岭，下下复高高。人稀鸟兽骇，地远草木豪。寄言千金子，知余歌者劳。

——《全唐诗》卷三百五十四

和郴州杨侍郎玩郡斋紫薇花十四韵

几年丹霄上，出入金华省。暂别万年枝，看花桂阳岭。南方足奇树，公府成佳境。绿阴交广除，明艳透萧屏。雨余人吏散，燕语帘栊静。懿此含晓芳，翛然忘簿领。紫茸垂组缕，金缕攒锋颖。露溽暗传香，风轻徐就影。苒弱多意思，从容占光景。得地在侯家，移根近仙井。开尊好凝睇，倚瑟仍回颈。游蜂驻彩冠，舞鹤迷烟顶。兴生红药后，爱与甘棠并。不学夭桃姿，浮荣在俄顷。

按：杨侍郎即杨於陵，唐宪宗元和十一年（816）任郴州刺史。

——《全唐诗》卷三百五十五

和南海马大夫闻杨侍郎出守郴州因有寄上之作

忽惊金印驾朱幡，遂别鸣珂听晓猿。碧落仙来虽暂谪，赤泉侯在是深恩。玉环庆远瞻台坐，铜柱勋高压海门。

一咏琼瑶百忧散，何劳更树北堂萱。

——《全唐诗》卷三百六十一

赠刘景擢第

湘中才子是刘郎，望在长沙住桂阳。昨日鸿都新上第，五陵年少让清光。

——《全唐诗》卷三百六十五

和杨侍郎初至郴州纪事书情题郡斋八韵

旌节下朝台，分圭从北回。城头鹤立处，驿树凤栖来。旧路芳尘在，新恩驿骑催。里闾风偃草，鼓舞抃成雷。吏散山禽啭，庭香夏蕊开。郡斋堪四望，壁记有三台。人讶征黄晚，文非吊屈哀。一吟梁甫曲，知是卧龙才。

——《全唐诗》卷三百六十三

陋室铭

山不在高，有仙则名。水不在深，有龙则灵。斯是陋室，唯吾德馨。苔痕上阶绿，草色入帘青。谈笑有鸿儒，往来无白丁。可以调素琴、阅金经。无丝竹之乱耳，无案牍之劳形。南阳诸葛庐，西蜀子云亭。孔子云：『何陋之有？』

按：刘禹锡于唐元和十年（815）四月被贬连州刺史，在其《连州刺史谢上表》中曰：『自发郴州，便染瘴疟。』《陋室铭》有说为其在郴疗病时所作。

——《全唐文》卷六百〇八（中华书局1983年版）

【唐】柳宗元

柳宗元（773—819），字子厚，河东（今山西永济）人。『唐宋八大家』之一。唐贞元二十一年（805）任监察御史时被贬为永州（今湖南永州）司马。著有《柳河东集》四十五卷《外集》二卷。贬永州时，与同时遭贬的郴州刺史杨於陵交好，时有往来，并诗词唱和。

奉和杨尚书郴州追和故李中书夏日登北楼十韵之作依本诗韵次用

郡楼有遗唱，新和敌南金。境以道情得，人期幽梦寻。层轩隔炎暑，迥野恣窥临。凤去徽音续，芝焚芳意深。游鳞出陷浦，唳鹤绕仙岑。风起三湘浪，云生万里阴。宏规齐德宇，丽藻竞词林。静契分忧术，闲同迟客心。骅骝当远步，鶗鴂莫相侵。今日登高处，还闻梁父吟。

按：杨尚书，同杨侍郎，即杨於陵，曾任郴州刺史。李中书为李吉甫，唐朝大臣，宪宗时任中书舍人。

杨尚书寄郴笔知是小生本样令更商榷使尽其功辄献长句

截玉铦锥作妙形，贮云含雾到南溟。尚书旧用裁天诏，内史新将写道经。曲艺岂能裨损益，微辞只欲播芳馨。

桂阳卿月光辉遍，毫末应传顾兔灵。

——《全唐诗》卷三百五十一

奉和周二十二丈酬郴州侍郎衡江夜泊得韶州书并附当州生黄茶一封率然成篇代意之作

丘山仰德耀，天路下征骓。梦喜三刀近，书嫌五载违。凝情江月落，属思岭云飞。会入司徒府，还邀周掾归。

——《全唐诗》卷三百五十二

植灵寿木

白华照寒水，怡我适野情。前趋问长老，重复欣嘉名。蹇连易衰朽，方刚谢经营。敢期齿杖赐，聊且移孤茎。丛萼中竞秀，分房外舒英。柔条乍反植，劲节常对生。循玩足忘疲，稍觉步武轻。安能事翦伐，持用资徒行。

——《全唐诗》卷三百五十三

按：灵寿木，产于郴县南万寿山。西汉平帝时曾用此灵寿木做成手杖赐给老臣孔光。

童区寄传

柳先生曰：越人少恩，生男女，必货视之。自毁齿已上，父兄鬻卖，以觊其利。不足，则盗取他室，束缚钳梏之。至有须鬣者，力不胜，皆屈为僮。当道相贼杀以为俗。幸得壮夫，则缚取幺弱者。汉官因以为己利，苟得僮，恣所为不问，以是越中户口滋耗。少得自脱，唯童区寄以十一岁胜，斯亦奇矣。桂部从事杜周士为余言之。

童区寄者，郴州牧儿也。行牧且荛，二豪贼劫持反接，布囊其口，去逾四十里之墟所卖之。寄伪儿啼，恐慄为儿恒状。贼易之，对饮酒醉。一人去为市，一人卧，植刃道上。童微伺其睡，以缚背刃，力上下，得绝，因取刃杀之。逃未及远，市者还，得僮，大骇。将杀童，遽曰：『为两郎僮，孰若为一郎僮耶？彼不我恩也。郎诚见完与恩，无所不可。』市者良久曰：『与其杀是僮，孰若卖之？与其卖而分，孰若吾得专焉？幸杀彼，甚善。』即藏其尸，持童抵主人所。束缚愈牢甚。夜半，僮自转，以缚即炉火烧绝之，虽疮手勿惮；复取刃杀市者。因大号，一墟皆惊。童曰：『我区氏儿也，不当为僮。贼二人得我，我幸皆杀之矣！愿以闻于官。』

墟吏白州，州白大府。召视，儿幼愿耳。刺史颜证奇之，留为小吏，不肯。与衣裳，吏护还之。乡里之行劫缚者，侧目莫敢过其门。皆曰：『是儿少秦武阳二岁，而计杀二豪，岂可近耶！』

——《［嘉庆］郴州总志》卷三十六（清嘉庆二十五年刻本）

【唐】裴说

裴说（生卒年不详），桂州（今广西桂林）人。唐昭宣帝天祐三年（906）进士及第，以礼部员外郎致仕。

兜率寺

一片无尘地，高连云梦南。僧居跨鸟道，佛影照鱼潭。朽枿云斜映，平芜日半涵。行行不得住，回首望烟岚。

按：兜率寺在今湖南资兴市内。

——《全唐诗》卷七百二十

【唐】李涉

李涉（生卒年不详），自号『清溪子』，河南洛阳人。唐代诗人。唐宪宗时，为太子通事舍人。太和中为太学博士，世称『李博士』。因兵乱避地南方，游历郴境。

赠廖道士

膏已明煎信矣哉，二年人世不归来。庭前为报仙桃树，今岁花时好好开。

题苏仙宅枯松

几年苍翠在仙家，一旦枝枯类海槎。不如酸涩棠梨树，却占高城独放花。

——《全唐诗》卷四百七十七

【唐】陆龟蒙

陆龟蒙（？—881），字鲁望，自号天随子、江湖散人，吴郡（今江苏苏州）人。唐代诗人，文名与皮日休齐，人称『皮陆』。曾隐居松江甫里（今江苏吴县用直）有《甫里先生文集》。

送羊振文先辈往桂阳归觐

风雅先生去一麾，过庭才子趣归期。让王门外开帆叶，义帝城中望戟支。郢路渐寒飘雪远，湘波初暖涨云迟。灵均精魄如能问，又得千年贾傅词。

按：羊振文，吴郡（今江苏苏州）人。唐懿宗咸通九年（868）进士及第。曾代表李唐王朝往桂阳祭祀大辏山神。

——《全唐诗》卷六百二十六

【唐】罗隐

罗隐（833—909），本名横，字昭谏，自号江东生，浙江余杭人。唐代文学家。唐咸通十二年（871）春礼部试失利后，上书湖南观察使于瑰求职，当年夏得任衡阳主簿。有诗文集《甲乙集》十卷、《罗昭谏集》八卷。生前游历郴州，有诗数首。

湘南春日怀古

晴江春暖兰蕙薰，凫鹥苒苒鸥著群。洛阳贾谊自无命，少陵杜甫兼有文。空阔远帆遮落日，苍茫野树碍归云。

松醪酒好昭潭静，闲过中流一吊君。

——《全唐诗》卷六百五十六

杜陵秋思

南望商於北帝都，两堪栖托两无图。只闻斥逐张公子，不觉悲同楚大夫。岩畔早凉生紫桂，井边疏影落高梧。一杯渌酒他年忆，沥向清波寄五湖。

——《全唐诗》卷六百五十七

郴江迁客

不是逢清世，何由见皂囊。事虽危虎尾，名胜泊鹓行。毒雾郴江阔，愁云楚驿长。归时有诗赋，一为吊沉湘。

——《全唐诗》卷六百五十九

【唐】胡曾

胡曾（约839—？），号秋田，邵州邵阳（今湖南邵阳）人。唐懿宗咸通中举进士（一说举进士不第）。唐代诗人。著有《安定集》十卷，《咏史诗》三卷。

郴县

义帝南迁路入郴，国亡身死乱山深。不知埋恨穷泉后，几度西陵片月沉。

——《全唐诗》卷六百四十七

【唐】徐夤

徐夤（生卒年不详），字昭梦，莆田（今福建莆田）人。唐昭宗景福元年（892）进士，官秘书省正字。博学多才，尤擅作赋。为唐末至五代间著名文学家。文集有《徐正字诗赋》二卷。

岳州端午日送人游郴连

五月巴陵值积阴，送君千里客于郴。北风吹雨黄梅落，西日过湖青草深。竞渡岸傍人挂锦，采芳城上女遗簪。九嶷云阔苍梧暗，与说重华旧德音。

——《全唐诗》卷七百〇九

【唐】释齐己

释齐己（860—约937），俗姓胡，名得生，潭州益阳（今湖南益阳）人。为中晚唐与皎然、贯休齐名的三大诗僧之一。《全唐诗》收录其诗作800余首。有《白莲集》《俗赛雪集》传世。生前曾游历郴境。

宜阳道中作

宜阳南面路，下岳又经过。枫叶红遮店，芒花白满坡。猿无山渐薄，雁众水还多。日落犹前去，诸村牧竖歌。

——《全唐诗》卷八百四十

按：宜阳，即郴州市宜章县别称。

送二友生归宜阳

二生俱我友，清苦辈流稀。旧国居相近，孤帆秋共归。残阳沙鸟乱，疏雨岛枫飞。几宿多山处，猿啼烛影微。

——《全唐诗》卷八百四十三

【宋】寇准

寇准（961—1023），字平仲，华州下邽（今陕西渭南）人。宋太宗太平兴国五年（980）进士。景德元年（1004）拜相，封莱国公。有《寇莱公集》传世。

经郴州永兴驿

昔拥双旌在斗城，今朝孤馆语同名。天遥秦树无因见，极目空饶怅望情。

——《忠愍公诗集》卷下（上海商务印书馆，民国二十四年影印本）

【宋】章侁

章侁（生卒年不详），建安（今福建建瓯）人。宋真宗大中祥符五年（1012）进士。仁宗庆历中任桂阳监判。任职后，访得郴州境内冶炼工『输税』不堪重负，乃仿白居易乐府歌词，为《烹丁歌》上之朝廷，诏免烹户为平民，深受称道。

烹丁歌

我生幸遇圣明君，何为独作桂阳民。官中逐月催科税，不征谷粟只征银。不问田园多少地，供给之数唯计人。尽将古来什一税，移在贫儿六尺身。主家二户各三等，轻重本从田业分。富家田多赋尤少，其余次第排等伦。自从天福征银后，田籍毁除不复存。迄今已及百余载，其间兴替何纷纭！五年升降由炉首，欺蔽官司焉得闻？某生不幸居北乡，南去宝山七十里。儿孙尽是卖炭夫，从小不谙烹采事。本户大小系七丁，只是卖银供纳税。更值今年正月来，雨多人少坑炉在。四城炭入无人收，炭价转低银价贵。三两三钱零九分，火耗秤余犹未系。几回奔走入城来，了纳身丁一月计。夜来犬吠炉首过，举家惊悸心胆破。手把历头一卷来，顶载三枷腕被锁。自道新年科税严，身有杖疮行路跛。官中立待年终银，公吏催征急如火。远乡不解出砂碛，无银只愿偿其值。男出稻粮女出丝，身减衣裳日减食。尽凭所有计几何，余令丁壮来慵力。今日已过后日来，知是几时得休息？二十丁余七十老，此是古来旧规式。闻说前来有使君，更向此中求课绩。奏道监民能采银，老弱更加八年役。从今十七便成丁，六十有五方除籍。为国增添几两银，多少怨咨损阴德。我闻皇上仁如天，恤民济物恩不偏。往岁放除浙江道，五十余万身丁钱。当时养活疮痍合，如今已得肌肉全。唯有监民不得与，皆云银税比于田。及开天书与圣祖，人说泰山并后土。广覃恩宥及寰区，罪戾逃亡皆沾曾。兼云州县一年终，与减夏税二分赋。独有监民又不该，空听鸡竿宣昭谕。只有外县耕凿流，击壤喧喧歌道路。官吏闭口不肯言，官家争得知辛苦。某虽小民不读书，亦曾得闻书生语。自古出租量地力，不闻只计丁口数。山泽岂无拘制法，何必税人征敛取。本是耕田卖炭夫，却教抄作烹丁户。养儿未识礁矿形，已隶帐司名姓簿。谁能为我奏天庭，移将银税归田亩。放教耕稼养苍生，免使鞭驱似囚虏。江湖幕下从事客，自愿医民无婉画。今日闻知村叟言，启处中心有惭色。归来染翰成新诗，一吟一叹伤心臆。方今上位恤民深，览此安能无隐恻。我愿采诗官勿采，雕巧之词无所益。不如采取烹丁歌，下令悲痛闻天听。又愿观风使勿观，安逸之民恩已宽。不如观此远方疲，王泽下流溥恩惠。勿令点滴相疑沛，庶使凋残荷帝私。烹丁尔勿忧，闻道使车即来此。但使路旁歌此诗，必得飞章报天子。明年变税入桑田，好铸锤钳为耒耜。

——《[康熙]桂阳州志》卷六（清康熙二十二年刻本）

【宋】梅尧臣

梅尧臣（1002—1060），字圣俞，宣城（今安徽宣城）人。赐进士出身，任国子监直讲、尚书都官员外郎等职。有《宛陵先生集》及经义释诂数种，并参与《新唐书》修撰。其诗《耒耜》，乃咏神农于郴州汝城以耒山木制耕作农具史事。

耒　耜

古圣通物宜，揉斫资粒食。稼穑尽民勤，垦耕穷地力。推化本神农，维时思后稷。我老欲归田，兹器已先识。

——梅尧臣《宛陵先生集》卷五十一（民国八年《四部丛刊》本）

【宋】周敦颐

周敦颐（1017—1073），初名敦实，字茂叔，因避宋英宗旧讳，改名敦颐。湖南道州（今湖南道县）人。宋朝理学思想的开山鼻祖。文学家、哲学家。

宋庆历六年（1046）冬，周敦颐任郴县县令，四年后，移任桂阳（今湖南汝城）县令。熙宁四年（1071），升任郴州知州。任职郴州期间，是其理学思想形成的重要阶段，其门生程颢、程颐亦随之来郴受教。期间著有《太极图说》《爱莲说》《养心亭说》《拙赋》《通书》等著作。

任所寄乡关故旧

老子生来骨性寒，宦情不改旧儒酸。停杯厌饮香醪味，举箸常餐淡菜盘。事冗不知筋力倦，官清赢得梦魂安。故人欲问吾何况，为道春陵只一般。

牧 童

东风放牧出长坡，谁识阿童乐趣多。归路转鞭牛背上，笛声吹老太平歌。

同石守游

朝市谁知世外游，杉松影里入吟幽。争名逐利千绳缚，度水登山万事休。野鸟不惊如得伴，白云无语似相留。傍人莫笑凭阑久，为恋林居作退谋。

书春陵门扉

有风还自掩，无事昼常关。开阖从方便，乾坤在此间。

太极图说

无极而太极。太极动而生阳，动极而静，静而生阴，静极复动。一动一静，互为其根。分阴分阳，两仪立焉。阳变阴合，而生水火木金土。五气顺布，四时行焉。五行一阴阳也，阴阳一太极也，太极本无极也。五行之生也，各一其性。无极之真，二五之精，妙合而凝。乾道成男，坤道成女。二气交感，化生万物。万物生生，而变化无穷焉。

唯人也得其秀而最灵。形既生矣，神发知矣。五性感动，而善恶分，万事出矣。圣人定之以中正仁义而主静，立人极焉。故圣人『与天地合其德，日月合其明，四时合其序，鬼神合其吉凶』。君子修之吉，小人悖之凶。故曰：『立天之道，曰阴与阳。立地之道，曰柔与刚；立人之道，曰仁与义。』又曰：『原始反终，故知死生之说。』大哉易也，斯其至矣！

爱莲说

水陆草木之花，可爱者甚蕃。晋陶渊明独爱菊。自李唐来，世人甚爱牡丹。予独爱莲之出淤泥而不染，濯清涟而不妖，中通外直，不蔓不枝，香远益清，亭亭净植，可远观而不可亵玩焉。

予谓：菊，花之隐逸者也；牡丹，花之富贵者也；莲，花之君子者也。噫！菊之爱，陶后鲜有闻；莲之爱，同予者何人？牡丹之爱，宜乎众矣。

养心亭说

孟子曰：『养心莫善于寡欲。其为人也寡欲，虽有不存焉者，寡矣；其为人也多欲，虽有存焉者，寡矣。』予谓养心不止于寡焉而存耳，盖寡焉以至于无。无则诚立明通。诚立，贤也；明通，圣也。是圣贤非性生。必养心而至之。养心之善，有大焉如此，存乎其人而已。

张子宗范有行有文，其居，背山而面水。山之麓构亭，甚清静。予偶至而爱之，因题曰『养心』。既谢，且求说，故书以勉。

拙赋

或谓予曰：『人谓子拙？』予曰：『巧，窃所耻也，且患世多巧也。』喜而赋之。

巧者言，拙者默；巧者劳，拙者逸；巧者贼，拙者德；巧者凶，拙者吉。呜呼！天下拙，刑政彻；上安下顺，风清弊绝。

通书四十章

诚上第一

诚者，圣人之本。大哉乾元，万物资始，诚之源也。乾道变化，各正性命，诚斯立焉。纯粹至善者也。故曰：一阴一阳之谓道，继之者善也，成之者性也。元亨，诚之通，利贞，诚之复。大哉易也，性命之源乎。

诚下第二

圣，诚而已矣。诚，五常之本，百行之源也。静无而动有，至正而明达也。五常百行，非诚非也，邪暗塞也。故诚则无事矣。至易而行难。果而确，无难焉。故曰：『一日克己复礼，天下归仁焉。』

诚几德第三

诚，无为，几，善恶。德：爱曰仁，宜曰义，理曰礼，通曰智，守曰信。性焉、安焉之谓圣。复焉、执焉之谓贤。发微不可见，充周不可穷之谓神。

圣第四

寂然不动者，诚也；感而遂通者，神也；动而未形、有无之间者，几也。诚精故明，神应故妙，几微故幽。诚、神、几，曰圣人。

慎动第五

动而正，曰道。用而和，曰德。匪仁，匪义，匪礼，匪智，匪信，悉邪矣。邪动，辱也；甚焉，害也。故君子慎动。

道第六

圣人之道，仁义中正而已矣。守之贵，行之利，廓之配天地。岂不易简！岂为难知！不守，不行，不廓尔！

师第七

或问曰：『曷为为天下善？』曰：『师。』曰：『何谓也？』曰：『性者，刚柔、善恶，中而已矣。』『不达。』曰：『刚善，为义，为直，为断，为严毅，为干固；恶，为猛，为隘，为强梁。柔善，为慈，为顺，为巽；恶，为懦弱，为无断，为邪佞。』唯中也者，和也，中节也，天下之达道也，圣人之事也。故圣人立教，俾人自易其恶，自至其中而止矣。故先觉觉后觉，暗者求于明，而师道立矣。师道立，则善人多；善人多，则朝廷正，而天下治矣。

幸第八

人之生，不幸，不闻过；大不幸，无耻。必有耻，则可教；闻过，则可贤。

思第九

《洪范》曰：『思曰睿，睿作圣。』无思，本也；思通，用也。几动于彼，诚动于此，无思而无不通，为圣人。

不思，则不能通微；不睿，则不能无不通。是则无不通，生于通微。通微，生于思。故思者，圣功之本，而吉凶之几也。易曰：『君子见几而作，不俟终日。』又曰：『知几其神乎！』

志学第十

圣希天，贤希圣，士希贤。伊尹、颜渊，大贤也。伊尹耻其君不为尧、舜，一夫不得其所，若挞于市。颜渊『不迁怒，不贰过』，『三月不违仁』。志伊尹之所志，学颜子之所学。过则圣，及则贤，不及则亦不失于令名。

顺化第十一

天以阳生万物，以阴成万物。生，仁也。成，义也。故圣人在上，以仁育万物，以义正万民。天道行而万物顺，圣德修而万民化。大顺大化，不见其迹，莫知其然之谓神。故天下之众，本在一人，道岂远乎哉，术岂多乎哉！

治第十二

十室之邑，人人提耳而教，且不及，况天下之广，兆民之众哉！曰，纯其心而已矣。仁、义、礼、智四者，动静、言能、视听无违之谓纯。心纯则贤才辅，贤才辅则天下治。纯心要矣，用贤急焉。

礼乐第十三

礼，理也；乐，和也。阴阳理而后和。君君、臣臣、父父、子子、兄兄、弟弟、夫夫、妇妇，万物各得其理，然后和。故礼先而乐后。

务实第十四

实胜，善也；名胜，耻也。故君子进德修业，孳孳不息，务实胜也。德业有未著，则恐恐然畏人知，远耻也。小人则伪而已。故君子日休，小人日忧。

爱敬第十五

『有善不及？』曰：『不及，则学焉。』问曰：『有不善？』曰：『不善，则告之不善。』且劝曰：『庶几有改乎！斯为君子。』『有善一，不善二，则学其一，而劝其二。』有语曰：『斯人有是之不善，非大恶也。』则曰：『孰无过？焉知其不能改？改，则为君子矣。不改为恶，恶者天恶之。彼岂无畏耶？乌知其不能改！』故君子悉有众善，无弗爱且敬焉。

动静第十六

动而无静，静而无动，物也。动而无动，静而无静，神也。动而无动，静而无静，非不动不静也。物则不通，神妙万物。水阴根阳，火阳根阴。五行阴阳，阴阳太极，四时运行，万物终始。混兮辟兮，其无穷兮。

乐上第十七

古者，圣王制礼法，修教化，三纲正，九畴叙，百姓大和，万物咸若。乃作乐以宣八风之气，以平天下之情。故乐声淡而不伤，和而不淫。入其耳，感其心，莫不淡且和焉。淡则欲心平，和则躁心释。优柔平中，德之盛也；天下化中，治之至也。是谓道配天地，古之极也。后世礼法不修，政刑苛紊，纵欲败度，下民困苦。谓古乐不足听也，代变新声，妖淫愁怨，导欲增悲，不能自止。故有贼君弃父，轻生败伦，不可禁者矣。呜呼！乐者，古以平心，今以助欲；古以宣化，今以长怨。不复古礼，不变今乐，而欲至治者远矣！

乐中第十八

乐者，本乎政也。政善民安，则天下之心和。故圣人作乐，以宣畅其和心，达于天地，天地之气，感而大和焉。天地和，则万物顺。故神祇格，鸟兽驯。

乐下第十九

乐声淡则听心平，乐辞善则歌者慕，故风移而俗易矣。妖声艳辞之化也，亦然。

圣学第二十

『圣可学乎？』曰：『可。』曰：『有要乎？』曰：『有。』『请闻焉。』曰：『一为要。一者，无欲也，无欲则静虚动直，静虚则明，明则通；动直则公，公则溥。明通公溥，庶矣乎！』

公明第二十一

公于己者公于人，未有不公于己而能公于人也。明不至，则疑生。明，无疑也。谓能疑为明，何啻千里？

理性命第二十二

厥彰厥微，匪灵弗莹。刚善刚恶，柔亦如之，中焉止矣。二气五行，化生万物。五殊二实，二本则一。是万为一，一实万分。万一各正，大小有定。

颜子第二十三

颜子『一箪食，一瓢饮，在陋巷，人不堪其忧，而不改其乐』。夫富贵，人所爱也。颜子不爱不求，而乐乎贫者，独何心哉？天地间有至贵至爱可求，而异乎彼者，见其大而忘其小焉尔！见其大则心泰，心泰则无不足。无不足则富贵贫贱处之一也。处之一则能化而齐。故颜子亚圣。

师友上第二十四

天地间，至尊者道，至贵者德而已矣。至难得者人，人而至难得者，道德有于身而已矣。求人至难得者有于身，非师友，则不可得也已。

师友下第二十五

道义者，身有之，则贵且尊。人生而蒙，长无师友则愚。是道义由师友有之。而得贵且尊，其义不亦重乎！其聚不亦乐乎！

过第二十六

仲由喜闻过，令名无穷焉。今人有过，不喜人规，如护疾而忌医，宁灭其身而无悟也。噫！

势第二十七

天下，势而已矣。势，轻重也。极重不可反。识其重而亟反之，可也。反之，力也。识不早，力不易也。力而不竞，天也。不识不力，人也。天乎？人也，何尤！

文辞第二十八

文所以载道也。轮辕饰而人弗庸，徒饰也，况虚车乎？文辞，艺也；道德，实也。笃其实，而艺者书之，美则爱，爱则传焉。贤者得以学而至之，是为教。故曰：『言之无文，行之不远。』然不贤者，虽父兄临之，师保勉之，不学也；强之，不从也。不知务道德而第以文辞为能者，艺焉而已。噫！弊也久矣！

圣蕴第二十九

『不愤不启，不悱不发，举一隅不以三隅反，则不复也。』子曰：『予欲无言，天何言哉！四时行焉，百物生焉。』然则圣人之蕴，微颜子殆不可见。发圣人之蕴，教万世无穷者，颜子也。圣同天，不亦深乎！常人有一闻知，恐人不速知其有也，急人知而名也，薄亦甚矣！

精蕴第三十

圣人之精，画卦以示；圣人之蕴，因卦以发。卦不画，圣人之精，不可得而见。微卦，圣人之蕴，殆不可悉得而闻。《易》何止五经之源，其天地鬼神之奥乎！

乾损益动第三十一

君子乾乾，不息于诚，然必惩忿窒欲，迁善改过而后至。乾之用其善是，损益之大莫是过，圣人之旨深哉！『吉凶悔吝生乎动。』噫！吉一而已，动可不慎乎！

家人睽复无妄第三十二

治天下有本，身之谓也；治天下有则，家之谓也。本必端。端本，诚心而已矣。则必善。善则，和亲而已矣。家难而天下易，家亲而天下疏也。家人离，必起于妇人，故睽次家人，以『二女同居，而志不同行』也。尧所以厘降二女于妫汭，舜可禅乎？吾兹试矣。是治天下观于家，治家观身而已矣。身端，心诚之谓也。诚心，复其不善之动而已矣。不善之动，妄也。妄复，则无妄矣；无妄，则诚矣。故无妄次复，而曰『先王以茂对时育万物』。深哉！

富贵第三十三

君子以道充为贵，身安为富，故常泰无不足，而铢视轩冕，尘视金玉，其重无加焉尔！

陋第三十四

圣人之道，入乎耳，存乎心，蕴之为德行，行之为事业。彼以文辞而已者，陋矣！

拟议第三十五

至诚则动，『动则变，变则化』。故曰：『拟之而后言，议之而后动，拟议以成其变化。』

刑第三十六

天以春生万物，止之以秋。物之生也，既成矣，不止则过焉，故得秋以成。圣人之法天，以政养万民，肃之以刑，民之盛也，欲动情胜，利害相攻，不止则贼灭无伦焉。故得刑以治。情伪微暖，其变千状，苟非中正、明达、果断者，不能治也。《讼》卦曰：『利见大人』，以『刚得中』也。《噬嗑》曰：『利用狱』，以『动而明也』。呜呼！天下之广，主刑者，民之司命也。任用可不慎乎！

公第三十七

圣人之道，至公而已矣。或曰：『何谓也？』曰：『天地至公而已矣。』

孔子上第三十八

《春秋》，正王道，明大法也，孔子为后世王者而修也。乱臣贼子诛死者于前，所以惧生者于后也。宜乎万世无穷，王祀夫子，报德报功之无尽焉。

孔子下第三十九

道德高厚，教化无穷，实与天地参而四时同，其唯孔子乎！

蒙艮第四十

『童蒙求我』，我正果行，如筮焉。筮，叩神也。再三则渎矣，渎则不告也。『山下出泉』，静而清也。汩则乱，乱不决也。慎哉，其唯『时中』乎！『艮其背』，背非见也。静则止，止非为也；为不止矣。其道也深乎！

——《周敦颐著作释译》（周良英等编著，华南理工大学出版社 2017 年版）

【宋】王安石

王安石（1021—1086），字介甫，号半山，抚州临川（今江西临川）人。北宋政治家、思想家、文学家，改革家，『唐宋八大家』之一。卒谥文。有《临川集》行世。

送李屯田守桂阳二首

泊船香炉峰，始与子相识。寄书邗江上，诒我峰下石。缘以湘水竹，携持与南北。永怀故人欢，不愿百金易。竹枯归樵苏，石烂弃沙砾。夷门得邂逅，绿发皆半白。追思少时事，俯仰如一夕。老矣无所为，空知念畴昔。常思一杯酒，要子相解释。出门事纷纷，归卧意还卻。闻当上湓水，持诏守岭厄。方为万里别，执手先惨戚。兹游信浩荡，山水多所得。为我谢香炉，风尘每相忆。

苍黄离家问南北，中路思归归不得。风涛何处不惊人，雨雪前村更欺客。旧交旌旆此盘桓，见我即令儿解鞍。荒山乐官歌舞拙，提壶沽酒聊一欢。行藏欲语眉不展，互叹别离心缱绻。行年半百劳如此，南亩催耕未宜晚。

——《临川先生文集》卷六（民国八年《四部丛刊》本）

耒耜

耒耜见于《易》，圣人取风雷。不有仁智兼，利端谁与开。神农后稷死，般尔相寻来。山林尽百巧，揉斫无良材。

——《临川先生文集》卷十一（民国八年《四部丛刊》本）

【宋】程颢

程颢（1032—1085），字伯淳，人称明道先生，河南洛阳（今河南洛阳）人，北宋理学家、教育家。宋仁宗庆历年间到桂阳（今湖南汝城）游学于周敦颐之门。

春日偶成

云淡风轻近午天，傍花随柳过前川。时人不识余心乐，将谓偷闲学少年。

——《千家诗》卷三（中华书局2009年版）

【宋】张舜民

张舜民（约1034—1100），字芸叟，自号浮休居士，又号矴斋，邠州（今陕西彬县）人。北宋文学家、画家。宋英宗治平二年（1065）进士，神宗年间徙郴州监税。

郴州集古

郴州颇凉冷，樽俎定常开。自愧无畦菜，家贫只旧醅。兴残虚白室，目尽望乡台。天子多恩泽，幽人未遣回。

——《[嘉靖]湖广图经志书》卷十四（明嘉靖元年刻本）

温泉

岧峣华清宫，下有温泉水。绣岭络千门，玉莲喷九蕊。第一名御汤，第二沐妃子。从上傍诸王，最下列卫士。淙淙三十六，枝分或栉比。每年十月初，仙仗常依此。楼头羯鼓停，殿上霓裳委。尘垢三百年，行人与闾里。忽惊郴岭下，和暖雅相似。只是远长安，不当人眼底。皇天宅万物，得地即为美。幸免与兴亡，往来常止止。

愈泉

有泉出城闉，尾大知车辐。饮之能愈疾，此语闻郴俗。直疑白药根，浸渍幽岩腹。灵迹浪遐方，神功施比屋。

——《[万历]郴州志》卷七（明万历刻本）

乡人言

郴江有奇石，似牛伏岸侧。乡人久相传，过者有颠覆。我与乡人谋，凿去可勿留。只消一日力，得弭千岁忧。乡人顾我笑，官必有暗拙。大者不能图，小者安能说。方今民间事，颇有急于石。当官贵居事，能不闲采拾。我家本多田，今乃身无居。虽有儿女辈，售人为婢奴。破家不足吝，所恨骨肉离。官今将骨肉，好去将何之。我虽有田里，亦闻官念此。念此不能为，何用居官尔。乃指江中石，此物如有神。不覆廉善士，独倾贪虐人。官今幸过此，行李都无害。将我言日思，勿为贫贱懈。我闻乡人言，背额俱汗流。欲问破家因，恐为明者羞。

——《宋诗三百首》（上海古籍出版社 1986 年版）

灵寿木

曲木天然性，叨名席上珍。节高工碍手，倚壁怕扶人。莫问西来意，终归爨下薪。他时俘颉利，拜赐敢忘身？

——《[万历]郴州志》卷六（明万历刻本）

香山寺

万里炎荒厌翠微，一泓泉石抱幽奇。回头便是清凉地，无限行人过不知。

离　郴

家家别酒不能休，可是人情重久游。云恋故山犹欲住，鹤归华表信难留。一天风雨催行色，万里江湖伴客舟。日暮更投村岸宿，依然魂梦在郴州。

剑　泉

石上作剑歁，泉出剑锋穴。石在水中央，在经名曰穴。咄哉黥面贼，生攻身助桀。不耻欺孤儿，端能效逆节。穷追三千里，至此肆尘煞。楚国始成灰，郴江终作血。邦人惜无罪，聚哭在招屈。南公实有言，三户犹可灭。至今义帝祠，半醴岁不绝。兴亡岂足问，景致颇清澈。远客怀不寐，至此心乃悦。作铭镵其傍，永戒诸侯蹶。

——《[嘉靖]湖广图经志书》卷十四（明嘉靖元年刻本）

【宋】秦观

秦观（1049—1100），字少游，一字太虚，号淮海居士，扬州高邮（今江苏高邮）人。宋神宗元丰八年（1085）举进士，任河南蔡州教授，后任太学博士、秘书省正字兼国史院编修官，绍圣元年（1094）坐元祐党籍，出杭州通判。后又贬监处州（今浙江）酒税官。宋绍圣三年，秦观『削秩徙郴州』，凄苦无依，写诗抒怀。有《淮海集》传世。

踏莎行·郴州旅舍

雾失楼台，月迷津渡，桃源望断无寻处。可堪孤馆闭春寒，杜鹃声里斜阳暮。
驿寄梅花，鱼传尺素，砌成此恨无重数。郴江幸自绕郴山，为谁流下潇湘去。

阮郎归四首（其四）

湘天风雨破寒初，深沉庭院虚，丽谯吹罢小单于，迢迢清夜徂。乡梦断，旅魂孤，峥嵘岁又除。衡阳犹有雁传书，郴阳和雁无。

如梦令五首

其一

门外鸦啼杨柳，春色著人如酒。睡起熨沉香，玉腕不胜金斗。消瘦，消瘦，还是褪花时候。

其二

遥夜沉沉如水，风紧驿亭深闭。梦破鼠窥灯，霜送晓寒侵被。无寐，无寐，门外马嘶人起。

其三

幽梦匆匆破后，妆粉乱痕霑袖。遥想酒醒来，无奈玉销花瘦。回首，回首，绕岸夕阳疏柳。

其四

楼外残阳红满，春入柳条将半。桃李不禁风，回首落英无限。肠断，肠断，人共楚天俱远。

其五

池上春归何处？满目落花飞絮。孤馆悄无人，梦断月堤归路。无绪，无绪，帘外五更风雨。

——《全宋词》（中华书局 1965 年版）

鹊桥仙

纤云弄巧，飞星传恨，银汉迢迢暗度。金风玉露一相逢，便胜却人间无数。

柔情似水，佳期如梦，忍顾鹊桥归路！两情若是久长时，又岂在朝朝暮暮！

题郴阳道中古寺壁二绝

门掩荒寒僧未归，萧萧庭菊两三枝。行人到此无肠断，问尔黄花知不知。

哀歌巫女隔祠丛，饥鼠相追坏壁中。北客念家浑不睡，荒山一夜雨吹风。

——《郴州地区志》（中国社会出版社1996年版）

【宋】陈瓘

陈瓘（1057—1122），字莹中，号了斋，南剑州沙县（今属福建）人。宋元丰二年（1079）探花。历任礼部贡院检点官，越州、温州通判，左司谏等。徽宗年间被贬连州。著有《了斋集》《了斋易说》《尊尧集》《论六书》等。

谪连州移郴州

瘴岭只将梅作雪，湘山今见麦为春。晴空日色常如旧，海北山南总照人。

——《〔万历〕郴州志》卷十八（明万历刻本）

【宋】孙颀

孙颀（生卒年不详），字景修，号拙翁，长沙（今湖南长沙）人。进士。熙宁五年（1072）前后出任桂阳监使。于鹿头山上建佛塔及寺庙，山下有石岩，以自号拙翁，遂题为『拙翁岩』。

拙翁岩铭

人皆营营，我心则宁。人方攘攘，我静则平。疏拙之性，自知甚明。假符偏垒，耦时晏清。居多暇日，爱此深扃。登临眺望，感会襟灵。苍岩磨砻，用刻此铭。

——《［同治］桂阳直隶州志》卷八（清同治七年刻本）

【宋】阮阅

阮阅（生卒年不详），原名美成，字闳休，自号散翁，又号松菊道人，舒城（今属安徽）人。宋神宗元丰八年（1085）进士，徽宗宣和五年（1123）由朝散大夫知郴州军，任职三年，时有吟咏，集之百首，称《郴江百咏》。

郴江百咏

郴江百咏原序

郴，古桂阳郡，陈迹故事尽载图史，亦间见于名人才士歌咏。如杜子美《寄聂令入郴州》、韩退之《郴江》、柳子厚《登北楼》、沈佺期《望仙山》、戴叔伦《过郴州》之类是也。山川寺观之胜，城郭台榭之壮，未经品题者尚多，亦可惜尔。余官于郴三年，常欲补其阙，愧无大笔雅思可为。然而暇日时作一二小诗，遂积至于百篇，虽不敢比迹前辈，使未尝到湖湘者观之，亦可知郴在荆楚，自是一佳郡也。

宣和甲辰二月中和日舒城阮阅序。

清《四库全书总目提要》

臣等谨案：《郴江百咏》一卷，宋阮阅撰。阅字宏休，舒城人。建炎初，官至知袁州府事。撰有《诗话总龟》，别著录，又有《松菊集》，今佚不传。此《郴江百咏》，则其宣和中知郴州时作。其诗多入论，盖宋代风气如是。而阅素留心吟咏，多识遗篇，故尚不落为酸腐之语。如《东山》诗云：『藜杖芒鞋过水东，红裙寂寞酒樽空。郡人见我应相笑，不似山公与谢公。』又《乾明寺》诗云：『直松曲棘都休道，庭下山茶为甚红？』往往自有思致。又如《愈泉》一首，所谓『古人诗病知多少，试问从来疗得无』。语虽著相，然自为其诗话一编而作，是亦诗中有人，异乎马首之络者矣！此本出自厉鹗家。《百咏》缺其八，考《郴江志》亦不载，吴之振选《宋诗钞》及曹庭栋选《宋诗存》均未及收存之，亦可补各家选本之遗。唯每题之下，不注本事，非对图经而读之，有茫不知为何语者。或传写佚之欤？《袁州府志》载其《宣风道上》诗一首、《题春波亭》诗一首，鲍氏知不足斋本录于此集之末，以补《松菊集》之遗，今亦从鲍本并存之焉。乾隆五十年四月恭校上。

总纂官臣纪昀、臣陆锡熊、臣孙士毅

总校官臣陆费墀

陈九韶《郴江百咏》笺校序

戊午之秋，余于役武林于湖滨图书馆，即清代文澜阁，观所贮《四库》书得宋阮宏休所著《郴江百咏》一卷本，原出厉樊榭家《百咏》，旧阙其八。往余在里，见郡乘存诗，只二十五首，一旦几获全璧，喜不自胜，亟资倩馆胥录之。适胥忙写他帙，余亦不惶久待，迫冬以葬兄，匆促归里。

才逾岁，邑遭匪陷，先世所贻敝庐委之一炬，楹书奚啻，万卷亦随化劫灰矣！乱后无家，挈孥流播，乞食四方。比夏，复缘事莅杭，乃索自馆则此本是也。幸兹戋戋者，昨以迟缮，故得免于难。什袭箧衍，几易葛裘。今春淫雨杜门，始获取而读之。睹所咏，皆吾郡山川故实，每为他人所不及晓，无怪提要谓非对图经有茫然不知为何语者。用是不揣固陋，暇辄逐为笺注，复取校郡乘所载，得《便县》《高亭》二什，为《四库》本所无者，亟据补入《百咏》。至是仅佚其六。而亦翔晰可诵矣。

唯是羽弑义帝，一坯之土，为吾邑最古名迹，见于《汉书·地理志》及《水经注》，今郭西犹高冢巍然，而咏遗之。邑人夙好矜崇方外，以缀饰山川，而咏题清淑堂，只云三仙一相，可知佛有二，仙有九，当时尚无此说。然吾乡慈祐寂照禅师俗所，称无量寿者，显化湘山，颇见宋人记载，其遗迹当非全属虚构而咏，亦竟不之及，岂均在所散失之数欤！是不可知而要之。其诗足为一方数邑考古资，则靡不公认也。覆钞既竟，为识其原起，于此时中华民国二十一年壬申三月雯裳陈九韶序。

东楼

危城雉堞对东山，谁创高楼十二栏。独鹤不来松已老，春风动处日三竿。

注：东楼，即郴东门城楼，明代易名来鹤楼。

上仙阁

曲槛危梯紫翠中，苏仙宅畔古城东。不须更著登山屐，万岫千峰一目穷。

注：此阁即东楼之最高层。

俯春亭

城上危亭可摘云，四边山色翠为邻。下窥城郭无余蕴，草色花光尽是春。

注：亭，旧在东楼前月城上，因逼于东楼，清同治间毁。

山阴堂

修竹苍苍似剡川，浮觞可继永和年。不知谁有羲之笔，欲写兰亭第二篇。

注：郴志流杯池在燕泉旁，石罅天然，纡折流注。旧有山阴堂。

藏春亭

百紫千红一径深，胭脂为地粉为林。有人来问春何在，向道花间无处寻。

按：藏春亭即引春亭，在燕泉上。

灵寿庵

结茅编竹对高丛，不种修篁不植松。但得数枝花似雪，何须裁截伴枯筇。

注：灵寿山在州南三十里，旧名万岁山，或当时山有此庵欤。

清淑堂

三仙一相有遗风，清淑谁言到此穷。寄与郴阳忠信士，得名端合谢韩公。

注：清淑堂在州治。当时建于州治者曰诚意，曰中和，曰仰贤，曰思政，曰清淑，凡五堂。

篔筜亭

娟娟细细两三丛，却厌桃花相近红。已有数枝湘浦月，不须千亩渭川风。

三怀堂

东京吏治孰称循，范氏才书十二人。前日桂阳三太守，许谁来此继芳尘。

注：汉高帝五年，以长沙郡为国，分长沙南军为桂阳郡治，《郴志》又按：卫飒、茨充、许荆俱尝为桂阳守。

射圃亭

不似投壶漫雅歌，纵贤无奈罚觥何。若知蓬矢桑弧意，何用穿杨中鹄多。

注：郡署东旁旧有箭道，一亭翼然，昔郡守在此较射，即其遗址。

紫芝亭

和气薰蒸庶草灵，昔年闻有紫芝生。史官不绝书祥瑞，几欲图形献此名。

注：《郴志》：唐宪宗元和九年，桂阳郡产灵芝七本。

撷芳园

万萼千枝二月春，只愁风雨便成尘。不知谁撷香英去，自有寻芳拾翠人。

按：撷芳园在郡署内。

砌台

翠珉斜倚若危梯，上出高城枕下池。不但绮罗为戏事，又将台使补庐儿。

注：今不可考玩，诗即当时登城之石阶。

西楼

危楼百尺背东山，帘幙秋风卷暮寒。好向残阳新月看，几人曾此凭栏干。

注：即西门城楼。

真仙亭

雕甍画栋对群山，远目增明尽日看。无奈人心多险伪，竞求拳石作峰峦。

注：在文明山支麓，曾家岭大石旁，今毁。

碧虚亭

笻竹枝弯屐齿摇，登临身觉在烟霄。千峰险似三川峡，一水声如八月潮。

注：在今苏山白鹿洞护碑亭上。

北湖亭

檐楹山影水光中，携酒来时伴钓翁。四岸烟云芳草绿，一栏风雨落花红。

注：亭在北湖畔，旧跨孔道，今尚存。

绿净堂

绿如青草净如渊，远近山光上下天。有客凭栏若相问，为言此处似燕川。

注：堂旧在化龙桥旁河街，今毁。

湖　亭

城外高堂俯碧湾，山如螺黛水如环。有时鼓棹来寻胜，直到斜阳未欲还。

注：即北湖叉鱼亭，旧址民国十七年亦毁。

北　园

一坞春风北苑芽，满川流水武陵花。溪东旧观仙人宅，城内高楼刺史家。

辉松台

灵寿峰前路有苔，松门依旧对山开。幽人野叟寻僧至，时有辉辉大旆来。

注：不可考玩，诗意当在灵寿山。

燕　堂

山有香炉水有瓶，斋无尘榻阁无铃。匡床尘拂枯藜杖，门对江山日夜扃。

注：不可考玩，诗意似当在昔郡署内。

竹　轩

轩户萧条对北垣，谁来此地种檀栾。无人会得青青意，雨洗风吹叶叶寒。

注：不可考，诗谓对北垣，当在昔郡署内无疑。

白莲亭

石甃方池种白莲，庵僧欲绍远公禅。文皮麈尾来游处，谁似庐山十八贤。

注：亭误，应作池。郴州白莲池在州北三十里。石峰峭拔如城，前后三径可通。中一池约宽半亩，因栽白莲，名白莲池。

旧有庵，清初喻国人先生往招徒讲学后，遂卜居于此。子孙繁衍，今名喻家寨。

南 楼

雉堞谯楼紫翠环，红尘扰扰白云闲。蛮烟瘴雨千峰外，邑屋人家十里闲。

注：即南门城楼。今亦毁。

东 园

芳春阁外茂林中，池上新桥路径通。谁种松篁藏古意，我栽桃李引春风。

注：遗址今不可考。

苏仙观

寂寂星坛长绿苔，井边橘老又重栽。城头依旧东楼在，未见当时鹤再来。

注：苏仙名耽，东汉时人，观即其故宅，今名橘井观，在郴城东门外。

成仙观

仙去寥寥几百春，故居依旧在湖滨。枝头禽语人难会，石上骡踪事已陈。

注：宋时当有观犹存，今观移骡仙岭矣。

露仙观

寂寞荒坛枕水边，长沙施药已千年。松间风露如前日，何事无人更得仙。

注：《郴志》：王锡，唐宣宗时人。遇异人于山中，迎至家师之，得授秘书，曰天阍。键钥悉在子矣。且告以咸通某年秋当有甘露降于庭，服之，可以上升。言竟忽失所在。后于天复三年，于山中白日羽化，以其饮露成仙，遂号曰露仙。即于其山立台，名露仙台。本郡西南旧有露仙观，在露仙桥侧，桥今名康家桥。

骡穴观

朝辞湘楚暮山东，今在蓬莱第几峰。可笑时人空扰扰，武昌山下问骡踪。

注：观在武昌山，今犹存，易名骡仙庵。

景星观

圣世休祥见景星，曾闻瑞日庆云生。羽人中夜来朝斗，透过松梢一点明。

注：景星观在苏仙山腰。

东　山

藜杖芒鞵过水东，红裙寂寞酒樽空。郡人见我应相笑，不似山公与谢公。

注：山在州东江外，山有刘瞻读书堂，又有寺，久废。

五盖山

五峰如盖色苍苍，隔断蛮陬与瘴乡。才见山中冬有雪，郴人预说岁丰穰。

注：即五岭之一黄岑山脉。《郴志》称山在州东南六十里，高二十里，周回百八十里，多云雾。《湘中记》：山有五峰状如盖。乡人每岁以雪占谚云：五盖雪普，米贱如土；雪若不均，米贵如银。

黄相山

东带连山接五羊，西分郴水下三湘。路人到此休南去，岭外千峰尽瘴乡。

注：『黄』误，应作『王』。《郴志》称即王锡父相旧隐处，山巅露仙台遗址尚存。

百丈山

萦迂鸟道少人通，只有豺狼夜过踪。自衒崚嶒逾百丈，安知七十二高峰。

注：题作义通山，按《郴志》：义通山在桂阳县西六十里，《湖南通志》一名百丈山。

孤　山

瘴山蛮岭斗嵯峨，上可攀跻下可摩。万岫千岩皆阘茸，一峰孤秀不须多。

注：孤山，《湖南通志》在桂阳县南十五里。今按，在县东北十五里，俗名孤石寨，峭壁巉岩中空，外耸桂阳，今更名汝城。

雕玉山

培嵝崎岖石面霄，何曾温润似琼瑶。一堆顽碧郴江上，纵有昆刀不可雕。

注：雕玉山在永兴县东七十里。《明一统志》：『远望山如雕玉。』故名。

桄榔山

休言鸟道与羊肠，鸟道羊肠不可方。却喜年年种荞麦，山中不用有桄榔。

注：桄榔山在永兴县东一里。

马　岭

牛山日日夕阳红，鹿洞年年草色浓。更有当时马行处，郴人犹指旧骡踪。

注：《湖南通志》：在州东北五里，一名牛脾山，又名白马岭。《后汉书·郡国志》：桂阳郡郴县南十数里有马岭山。《水经注》：马岭山高六百余丈，广四十许里，汉末有郡民苏耽游此。《方舆胜览》谓苏耽入山学道，其母往窥之，见其乘白马飘然，故又谓之白马岭。

话　石

人世哓哓已不根，那堪顽石更纷纷。何如缄口藏长舌，道路如今已厌闻。

注：话石山在郴北六十里。今按：在郴西南六十里，一名华山。高一百二十丈，周回二里，《湘中记》：尝闻山间石有声，

如人共语。《明一统志》：山有孤石独耸，仙人于此谈话，今俗呼七子石。

白鹿岩

风驭云轩鹤羽轻，野麋尝此望霓旌。当时岩下藏身处，依旧春来草自生。

注：岩作洞。《郴志》：白鹿洞在苏仙山麓，洞中可容席，深邃莫知，洞外旧有乳仙亭。

坦山岩

空山夜雨鬼神愁，怪石层崖虎豹忧。鸟道不通车马到，只供衲子羽人游。

注：《郴志》：万华岩在坦山下，多怪石流泉。内有石田、石仓、石镜、石柱之类，溪水自岩流出，为郴胜境。

兜率岩

泉如铅汞流丹灶，石似珊瑚出海涛。不会当时融结意，区区虽巧亦何劳。

注：兜率岩在兴宁县南三十里，一名灵岩。《舆地纪胜》：『中有洞，方广如堂，可容百人，泉水涌出，垒垒如杨梅，亦名杨梅堂。』《方舆胜览》：『岩在资兴寨旁，有石像如僧十八。』《明一统志》：『岩内空阔，有石观音、罗汉像，又有石幢、石钟、石鼓，击之有声。』又按：岩内有温润赤色石。兴宁今更名资兴。

王履岩

勾践因何渡楚川，苍苍双石卧寒烟。当时纵使为淫巧，片石安能作履穿。

注：「岩」误，应作「山」。《郴志》：「王履山，在永兴县东四十里。」《元和郡国志·旧传》：「越王经此遗履。」

郴江口

扁舟斗转疾如飞，对此令人忆退之。不但郴江有佳句，叉鱼祷雨尽留诗。

注：郴江口在州北八十里瓦窑坪，坪上又名老江口，郴水至此合大面洲水，稍阔，胜舟。

灵　湫

老蛟力斗死池中，山下流泉暗谷通。风雨年年常十五，休将涓滴强邀功。

注：即北湖。水源宽广，可百余亩。《郴志》：唐建中时，内有孽龙为患，郡人曹代飞者，擅道术。与斗，以箭射之，死。有司表奏，欲官之，飞辞。殁后，民感其惠，祀之至今，奉为神龙焉。

中　洲

卷地江流绕古城，参天乔木一洲横。年年秋雨无情甚，沙嘴才高又压平。

注：《郴志》：中洲在苏仙桥上，太平寺下，今更名东沙洲，旧在郴河中央，故名中洲。今河淤，与西岸寺阛连接矣。

怨 溪

溅溅溪水石磷磷，两岸山花野草春。流去前滩何处问，不知当日怨何人。

注：即今五显祠前之小溪，剑泉在此溪中，故称剑溪。『剑』『怨』音近，故当时讹为怨溪。

崇德河

楚俗声音误最多，近来方证桂门讹。分明流向郴人道，此水今名崇德河。

注：即怨溪。此溪流经过法宝寺，入郴江，寺原为小阜，称崇德山，后平为寺。宋宣和间，此山尚存，因其经绕，故宏休更名为崇德河也。

千秋水

不求至道不修真，一穴涓涓岂有神。王锡苏耽已仙去，未应皆是酌泉人。

注：千秋水在州南三十里，源出灵寿山，山旧名万岁，故水名千秋，东流入沙江。

潮 井

朔月盈亏已可疑，随泉上下更难知。钱塘江畔吴山外，谁见来时与落时。

注：按《郴志》，潮井有二，一在郴西九十里潮泉寺，一日三潮；一在桂阳县。《方舆胜览》：『在县南，每二月后至秋初，每日丑时水涌流至申时住；八月至春初，从申时涌至丑时住。今考泉在县北之堆头庄。

浪井

可畏人情与世途，险如波浪起江湖。岂知荆楚山川地，坎里泓泉无处无。

注：《郴志》作浪泉，在宜章县北十里黄岺山。

橘井

苏仙旧隐已藤萝，橘井空来岁月多。摘叶汲泉皆朽骨，郡人犹说愈沉痾。

注：橘井在苏仙故宅，即今橘井观。《列仙传》：『苏仙启其母曰：耽受命当仙，被召有期，违于供养，明年天下当疫疠，庭中井水、檐边橘枝可以代养。井水一升，叶一片，可疗一人。』

愈泉

未载人间肘后书，此名直恐是相诬。古人诗病知多少，试问从来疗得无。

注：《郴志》：泉在州南愈泉门。《舆地纪胜》：『清冷甘美，初名甘泉。人患疾饮之立愈。唐天宝间改名愈泉。』

圆泉

清洌渊渊一窦圆，每来当为试茶煎。又新水鉴全然误，第作人间十八泉。

注：唐张又新《水记》，圆泉在郴南十五里，称为天下第十八泉。又名除泉。《水经注》：『除泉水出郴县南湘陂村。村有圆泉，广圆可二百步，一边暖一边冷。』

温 泉

谁将炎热换清凉，可使澄泓作沸扬。从赐骊山妃子沐，人间处处重温汤。

注：按《郴志》载，温泉各县均有，宜章且有八处，郴有二。一在距城西北十五里陷池塘；一在西北八里花园里。民国八年谭公延闿驻兵于郴时，辟广为池，三均甃以石，且建亭榭、石几座，以便游人解衣就浴焉。

香 泉

僧舍灵源静不流，只供斋钵与茶瓯。直应老衲投薰陆，石罅云根久未收。

注：《湖南通志》：香泉在州南五里，一名香花水井。

醽醁泉

玉为曲蘖石为垆，万榼千壶汲未枯。山下家家有醇酒，酿时皆用此泉无。

注：《郴志》称泉在兴宁程乡湘源桥通永邑道旁，俗名碓臼井。涌泉一泓，夏不涸，春不泛，淆之不浊。以之酿酒，味醇厚，亦可千日。上有醽醁寺旧址。又按：《水经注》：『郴县有绿水出县东侯公山西北，流而南屈，注于耒，谓之程乡溪，郡置酒官醞于山下，名曰程酒。』又《九域志》郴县有醽醁水，即指此。

蒙 泉

流出山根无尽时，潜深不似瀑泉飞。此时非净还非垢，欲洗须知是钝机。

注：按志，蒙泉有二：一在郴南会胜寺，一在宜章县东一里蒙岩麓。『蒙洞泉香』为邑八景之一。

剑　泉

太阿气在斗牛边，报惠论仇世有仙。黥贼东来携败铁，地灵安肯为生泉。

注：泉今在郴治西南五通桥下溪中。《方舆胜览》：石罅间泉跃而出，因项羽将英布卓剑于此而泉出，故名。宋张舜民旧镌有铭，今已湮不可考。

贪　泉

玉洁冰寒彻底清，不因汲引有亏盈。廉泉让水浑无异，空使时人恶此名。

注：盛弘之《荆州记》：黄岑山水出注于大溪，号曰横流溪；水甚小，冬夏不干，俗亦谓之贪泉。

寒　泉

春欲为霜夏欲冰，一山寒气逼人清。应知炎冷难同处，甘与汤泉各自生。

注：在郴西十里之高壁，寒溪坝泉在溪旁。

郴　江

不分涓滴溉田畴，只有重滩碍巨舟。险似瞿塘并赣水，岂能如鉴泻清流。

注：《湖南通志》：发源黄岑山北，流入耒水，一名黄水，一名郴水。《水经注》：黄水出郴县黄岑山。

灵寿木

聊依枯木伴寒藤，曾为当年孔傅生。寂寞空山穷谷里，如今文杏又争名。

注：《水经注》：『万岁山有石室，中有钟乳，上悉生灵寿木。』《郡国志》：『山有灵寿木，可为杖。汉平帝尝以赐孔光。』

茶山寺

莽草寒芦事不经，八峰高在乱云层。只因一句鹅湖谶，直至如今有此称。

注：遗址不可考。

会胜寺

灵寿山前古梵宫，粥鱼斋鼓白云中。衲僧若会蒙泉意，竟与曹溪一径通。

注：《郴志》：寺在州南二十里秀才乡。原有蒙泉，蒙泉从石窦中出，宋万俟侣题为『天下第十八泉』，实误。

香山寺

十里城南古道场，一泓寒水翠微傍。幽人衲子时来汲，疑是山中草木香。

注：《郴志》：寺在州南五里，今废，见上香泉。

崇毅寺

城外招提竹隐门，更无一点利名尘。蒲团纸帐松窗下，却有安禅藏卷人。

注：寺不可考，疑即郴城外法宝寺，原一小阜，名崇德山，或当时此寺名崇德寺。『毅』即『德』之讹欤。

乾明寺

寺古僧残丈室空，我来试问老禅翁。直松曲棘都休道，庭下山茶为甚红？

注：遗址不可考。

开福寺

郴江东畔小禅林，谁见当年地布金。夜磬一敲僧定出，水声东去月西沉。

注：即今郴江古寺，在东门外苏仙桥畔。

开利寺

修篁乔木水西涯，古屋颓垣达磨家。持钵但闻僧乞供，杜门不为客烹茶。

注：即今城西开元寺。

东山寺

竹外长桥过水西，林中钟磬旧禅扉。笻迎残月僧包去，帆背斜阳客艇归。

注：寺遗址即前东山书院，今废。

太平寺

石虎城东郴水边，支提突兀祖灯传。有人认得双岩桂，何必庭前柏子禅。

注：遗址即今乌石矶小娘娘庙。《郴志》：另有太平寺在州南十五里。

南塔寺

江岸南峰对石城，僧房高在乱云层。台前天阔秋多月，塔上风微夜有灯。

注：寺在今文明山后。『南塔钟声』为郴八景之一。

妙胜寺

谁营僧舍近西城，今与行人作短亭。庭下秋风花簌簌，塔前春水竹青青。

注：在郴城西约半里，即今水星楼。

永庆寺

空庭生草路生苔，寂寂荆扉小径开。有客试泉方到此，须知不是为僧来。

注：寺旧有穷泉。相传昔楚义帝为项羽将英布追逐于此，势穷遂死，故名。

尊胜寺

老僧不复识丛林，只说幽栖是息心。可惜一溪东去水，更无轩石称登临。

注：不可考。

白虎城

楚人未筑上游城，千古冤声尚未平。雉堞渺然无石虎，不知何用昔时名。

注：《水经注》：『郴县有义帝冢，内有石虎。因呼为白虎郡。』

石　城

郴江淼淼接湘天，层壁重崖白水边。数日东风春浪恶，渔舟不是莫愁船。

注：石城江，在郴永丰乡，距城二十里。

苏仙祠

羽节云旌事已空，旧庵今在最高峰。拂坛不见当时竹，系马犹存旧日松。

注：祠在马岭巅。按《志》称：唐开元十九年诏有司饰其庙。宋大中祥符间，敕名集灵观。

孝妇冢

国史班班有旧闻，欲将重说与郴人。教知孝妇潸然意，可比神仙噀酒神。

注：《郴志·节孝》：后汉欧阳士端妻蔡，宜章人，端为潭州教授，丁父忧归，值猺乱，道梗寓永兴。姑殁，夫亦死，蔡哀戚尽礼。邻里失火，蔡抱柩痛哭，俄而风回火息，人以为孝感所致。入《通志》，有冢，在县西北里许（今永兴一中校内）。

久留冈

颍民闻欲问郴民，卫飒如何似寇恂。只恐当时遮道者，不应皆是借留人。

注：《郴志》：冈在州西五里，桂门岭西北。

刘相国书堂

疏林翠竹水沧沧，闻是刘公旧隐堂。但得青编有完传，故居寂寞亦何伤。

注：刘瞻，字几之。其先本彭城，后徙桂阳郴县。瞻奇伟能文，大中元年进士擢博学宏词科。咸通十一年，以中书侍郎同中书门下平章事。事迹具新、旧《唐书》。有微时读书堂在郴东山后改为寺，又改为书院，今悉废。

窊樽

山中闻有酒官泉，复得窊樽在水边。荆楚人皆喜群饮，见时应觉口流涎。

注：《湖南通志》：窊樽石在郴鱼绛山中，宋张浮休刻铭石上。然《郴志》又云：剑泉自窊樽乱流穿石中过清湫桥，为下川当别一窊樽矣。未知孰是。

迷桥

林花岸柳草芊芊，山下长桥跨碧川。往事茫茫无问处，不知迷俗是迷仙。

注：在郴西北五里迷溪上，溪水由坦门岩流出，仿佛若桃源，故名迷溪。

桂门关

恶名辨正可无疑，已有金华学士题。寄语往来荆广客，鬼门关在郁林西。

注：在郴西北五里许，为往来要路，昔凿山通道，有隘可守，故名关。讹呼为鬼门关，故诗云云。

漏天

从古常闻有漏天，此言恐是里人传。山深自合常多雨，不是娲皇补未全。

注：下当漏一岭字。按《郴志》：漏天岭在宜章东北九十里，山巅有池，宽十余亩。又《明一统志》：万山环合多雨少晴。

飞仙桥

柜中飞出过辽天，楼上归来又几年。云物已闲松已老，芝田依旧在桥边。

注：即今苏仙桥。《郴志》：故郡守张邈往吊求见仙母，仙出半面，光彩照人。因谓守曰：『山谷幽远，日暮难归。』遂手掷椶拂成桥，令众闭目而登，顷刻至郡。后人乃即其处为浮梁焉，昔架木为之，名飞仙桥，明时邑人崔岩，易以石，始更今名。

栖凤驿

凤出明时欲览辉，栖桐食竹屡来仪。空山穷谷无丹穴，肯伴鸱鸮共一枝。

注：据是，栖凤驿之名，自唐已然，即今栖凤渡，在郴治北五十里。

龟峰铺

山似龟形古戍西，路人到此欲稽疑。刳肠钻灼犹难信，顽石何缘解有知。

注：在郴东永丰乡二十里，今名龟形铺。

蔡伦宅

竹简韦编写六经，不知何用捣枯藤。自来杵臼深藏后，采楮舂桑事已更。

注：《后汉书·宦者传》：『蔡伦，字敬仲，桂阳人。以永平末给事宫掖，和帝初转中常侍，旋加位尚方令。元初元年，封龙亭侯。自古书契多编以竹简，其用缣帛者，谓之为纸。缣贵而简重，并不便，伦乃造意，用树肤麻头及敝布鱼网以为纸，奏上。

帝善其能，天下咸称蔡侯纸。』又《后汉书》注：『耒阳县北有汉黄门蔡伦宅，宅西有一石臼，云是伦舂纸臼也。』按今桂阳州亦有蔡伦故宅，不知孰是。桂阳州汉为平阳县属，桂阳郡至宋时尚然也。

西　湖

岸草江花对夕阳，满船新月夜鸣榔。秋清菡萏红千柄，风静琉璃碧一方。

注：按即今龙泉塘。《湖南通志》：在郴西五里，乃郴八景之一，曰『龙泉烟雾』。原甚广，今淤垦为田矣。

便　县

兔葵燕麦撼春风，废址颓垣古县封。聚落已迁江上去，隔林依旧两三峰。

注：按即今永兴县。

高　亭

苍苔黄叶满闲庭，门对南山数点青。过客不知兴废事，犹言县宇是高亭。

注：按即今永兴所辖高亭司。

宣风道上

马蹄西去夕阳催，浓淡寒山翠作堆。北雁无情怕秋热，带将寒信过江来。

题春波亭

数叶荷衣一短藜，春波亭上依斜晖。无人会得诗中画，凭尽阑干又独归。

苏仙山

一溪清泚万峰环，人过重重紫翠间。绿竹乔松三十里，云中犹未见苏山。

义帝庙

门闭踪疏乔木阴，丰碑草木宇生金。几经迁客骚人过，怀古谁无吊楚心。

四贤堂

萧条遗像竹林间，政事丰碑字已漫。安得郴人思惠爱，肯将循吏传重刊。

石　门

万壑深连郴水出，千山高拥石门开

按：前九十六首（陈序言佚其六，陈校注时补入《便县》《高亭》两首，共九十六首）据民国铅印本录出，后四首为选编者增补，补齐一百首。《苏仙山》据《舆地纪胜》卷五十七、《义帝庙》据《[嘉靖]湖广图经志书》卷十四、《四贤堂》据《永乐大典》卷七二三六、《石门》据《舆地纪胜》卷一。其注为陈九韶原注。

【宋】朱胜非

朱胜非（1082—1144），字藏一，蔡州（今河南上蔡）人。北宋崇宁二年（1103）进士，南宋初宰相。

泸　渡

曾到泸溪渡，山青石壁粗。云藏天宝塔，水绕率岩湖。日暖鱼增价，风和酒易沽。鱼船交过往，商旅及成都。

——《[万历]郴州志》卷九（明万历刻本）

【宋】胡寅

胡寅（1098—1156），字明仲，建州崇安（今福建武夷山）人。后迁居衡阳。学者称致堂先生。宋徽宗宣和三年（1121）进士。初为校书郎，后为祭酒，再迁中书舍人，以徽猷阁直学士致仕。著有《论语译说》《读史管见》《斐然集》。

桂阳监学记

绍兴十二年五月，制诏郡邑崇复庠序。知桂阳监左朝奉大夫无棣张侯修以书抵某曰：『修不敏，守蕞尔国，而黉序一新，永唯德意，所覃兴废，举坠不可无述，敢请书之。』

某曰：『铺张弥文，为太平盛观，乃朝廷大典，非一邦专美。后世尚论，且将以其时考之，岂当率尔而形容也。若夫教与学之多术，志士固思其上者，试为子矜诵之。盖三代之于人才，自幼童而教养加焉，皆辅成德行之具，熏陶渐渍，历数十年，德立行修，可以仕矣，然后在上者举而用之。士未尝有求也。世远道丧，科举之法设，父诏其子，兄诏其弟，鼓箧抠衣，登门投牒而觅举，于是洙泗之风扫地尽矣。方其读圣人书，顾知编缀附会，以待场屋之问，唯不中夫程式是虑。有司问之，又岂皆道德之意，仁义之说，养心修身之要，治国平天下之务，往往蔽正而徇己，道谀而诲谄，行之浸久，皆曰取士如是足矣。大学堙微，炎火消膏，利欲肆行，洪波稽天。间有资禀开明，厌此纷纠，望道而不见，则又轻忽经训，浅薄周孔，溺于诐淫邪遁，泯然无觉。寄名清高，实有贪觊，其趋愈下。所以然者，忘义趋利之习也。义者，天理之公也，华夏圣贤之教也。利者，人欲之私也，小人蛮貊之所喻也。学而不本于义，唯利是图，其患可胜言乎？未得之，唯恐不得也，既得之，唯恐不多也，既多矣，唯恐不久也。相贵以等，不尤则悲，相觌以货，不积则忧。必放此而行怀此以相接，是谓失其本心，亦何往而不失耶？故善学者，择义而已矣。今夫慈孝忠顺，交际辞受，语默动止，出处久速，各有不可易之理。处之当夫理，是义也。不当然而然，当然而不然者，有欲蔽之。今而后二三子，穷理期于精，由义期于熟，必也不惑，然后智益明，必也不离，然后仁益敦，以古之制自居，而不为在彼者，是则邹鲁之所以贻后人，天子之所以望多士。名第云乎哉？青紫云乎哉？』

——《斐然集》卷二十（《文渊阁四库全书》本）

【宋】赵不退

赵不退（生卒年不详），宋代宗室。宋高宗绍兴十六年（1146）任郴州知军。

坦山岩劝农碑（节选）

赵不退命门人安世隆记

建炎天子即位之十九年，眷怀南亩，无以慰其勤，乃诏郡国司牧臣，每岁之春，奉将德意，躬行阡陌，敦劝农桑，以昭示务农重谷，天下之本之义行。

郴郡太守玉牒赵侯暨别乘庐侯，钦承制旨，夙夜惟寅，民事之宜，率古是振。当视政之明年春，南至于会胜。今年春，考卜西畴，得此坦山焉。于时，原人举趾，嘉种荐陈，庞眉鹤发之叟，接武来会者数十辈。于是傧相揖进于庭，对扬王之休命，言喻详复，使人人咸知，君上无一念不在斯民，盖所以谨敦劝之方，申归美之志，礼也。劳酒既加，抚存既备，以手加额者，不约而齐曰：『孰谓二三太平遗老，复睹中兴圣政之行，天或假以须臾，尚冀拭目以见东都之会。虽然，今日之事仲叔季弟、幼子童孙，敢不竭力耕田，以供五民之职。』已而宾既醉止，事协礼成，秣马巾车还辕。

趣戒幕中，诸公相与升阶而请曰：『昔人或为山林之游，或为园囿之赏，且得托文琬琰以歆艳来世。今使君此行，王命也；礼文之举，政典也。抚迹前闻，实惧有阙。况岩石甚良，可磨可镌，僚多贤，其文可述。敢告执事。』侯曰：『诺。』遂命门人缀缉其语，书以代记。时元绍兴龙集戊辰月应夹钟蓂余三荚也。

——《〔光绪〕湖南通志》卷二百八十四（清光绪十一年刻本）

【宋】朱熹

朱熹（1130—1200），字元晦，一字仲晦，号晦庵，别称紫阳，徽州婺源（今属江西）人。南宋著名思想家、理学家、哲学家、教育家、诗人。世尊称为朱子。主要著作有《四书章句集注》《周易本义》《诗集传》《楚辞集注》《太极图说解》。

咏陈氏义门诗二首

金銮宴罢月如银，环佩锵锵出凤城。试问九州谁第一，咸称惟有义门陈。

畜类共知谊，同居共一心。唐朝无旧国，惟有九江陈。

——湖南永兴《陈氏族谱》（清光绪十四年德星堂木活字印本）

【宋】张栻

张栻（1133—1180），字敬夫，一字钦夫，号南轩，汉州绵竹（今四川绵竹）人。南宋著名学者、教育家。高宗时，随父抗金名将张浚寓潭州。宋孝宗乾道二年（1166）与朱熹讲道岳麓。

郴州迁建学记

维三代之学，至周而大备。自天子之国都以及于乡党，莫不有。则又申之以孝悌之义为之冠婚丧祭之法，春秋释菜与夫乡饮酒养老之礼。其耳目手足肌肤之会，筋骸之束，无不由于学。在上则司徒总其事，乐正崇其教，下而乡党亦莫不有师。其教养之也密，故其成才也易。士生斯时，藏修游息于其间，诵其言而知其味，玩其文而会其理。德业之进，日引月长，自宜然也。于是自乡论其行，而升之司徒，司徒又论之，而升之国庠。大乐正则察其成，以告于王，定其论而官之也。其官之，目其才之大小，盖有一居其官至于终身不易者。士修其身而已，非有求于君也，身修而君举之耳。夫然，故礼义兴行，人才众多，风俗淳厚，至于斑白者，不负戴于道路，而王道成矣。国朝之学，视汉唐为盛。郡县皆得置学，郡有教授以掌治之，部刺史、守令佐又得兼领。其事亦既重矣。而士之居焉者，大抵操笔习为文辞，以求应有司之程耳。嗟乎！是岂国家所望于多士之意哉？虽教养之法，疑若未尽复古，然为士者，岂可不思之所以为士者，果何是事哉？

郴故有学，迫于城隅。知州事薛彦博、通判州事卢渊、教授吴镒，始议迁改。因得浮屠废宫，江山在前，高明爽垲，乃徙而一新之。郡之士相与劝率，以助赀役，甫逾时而讫成焉。来属栻，愿有记。

栻唯先王之于学，所以勤勤恳恳，若饮食起居不可须臾离者，诚以正心、修身、齐家、治国以至于天下，未有不须学而成者，实生民之大命，而王道之本原也。然而学以何为要乎？孟子论三代之学，一言蔽之曰：『皆所以明人伦也。』大哉言乎！人之大伦，天所叙也，降衷于民，谁独无是性哉？孩提之童，莫不知爱其亲，及其长也，莫不知敬其兄。而夫妇朋友之间，君臣父子之际，礼仪三百，威仪三千，无适而非性之所有者。唯夫拘于气禀，迁于物欲，而天理不明，是以处之不尽其道，以致于伤恩害义者有之，此先王之所为忧，而为之学以教之也。然则，学之所务，果何以外于人伦哉？虽至于圣人，亦曰：『尽其性而为，人伦之至耳。』于盛今之学者，苟能立志尚友，讲论问辨，而于人伦之际，审加察焉。敬守力行，勿舍勿夺，则良心可识，而天理自著。驯是而进，益高益深。在家则孝弟雍睦之行兴，居乡则礼逊廉耻之教行。出而立朝，致君泽民，事业可大，则三代之风何远之有，岂不盛欤！又岂可不勉欤！学之成，时乾道四年春二月也。

——《〔万历〕郴州志》卷十三（明万历刻本）

按：标题为编者所加。

【宋】丁逢

丁逢（1140—？），字端叔，晋陵（今江苏常州）人。宋乾道二年（1166）进士，孝宗淳熙十四年（1187），以朝议大夫直秘阁出任郴州知军。

劝农香山

宿云留润欲侵衣，草长山腰路溅泥。映屋画图花远近，接畦湍濑水高低。人趋南亩生涯乐，春入东灾土脉齐。说与老农还自笑，近来辛苦惯扶犁。

东山

水绕山围夏木苍，旧时贤相读书堂。窗间远岫供吟遍，来倚阑干半月凉。

——《［万历］郴州志》卷六（明万历刻本）

到郴

眼界山逾碧，腰舆步转高。未疑御魑魅，自笑尹鼯猱。末路成三折，衰年感二毛。次山虽漫仕，安敢遽辞劳。

——《宋诗纪事》卷五十四（上海古籍出版社 1983 年版）

【宋】万俟侣

万俟侣（生卒年不详），南宋宁宗开禧元年（1205）任郴州知军。

踏莎行·题景星观

洞接桃源，桥横柳渡，苏仙旧日经行处。翩翩骑鹤几时还，空余怪石参天树。

独倚亭栏，谁论心素，乱山堆垒青无数。试从西北望长安，断云争逐飞鸿去。

——《［嘉庆］郴州总志》卷三十七（清嘉庆二十五年刻本）

【宋】周思诚

周思诚（生卒年不详），字纯夫，江西临川（今江西临川）人。宋嘉定十五年（1222）任郴县县令。后改知桂阳县（今湖南汝城）。

桂阳濂溪祠记

濂溪周先生去孔氏千五百有余年。一旦复振洙泗坠绪，阐明斯道之所以教宪章诸后，使百世而下闻之者，犹足以释蒙启蔽。

庆历间，尝宰桂阳，去今仅百八十年。而县屡经盗火，先生流风遗迹，乃仿佛无复存焉。县西五里，有山环合，林木茂翳，而溪流清泻，萦纡其间，土人号其乡为予乐，岂亦因先生而名之与？思诚窃记程明道先生有『过前川而予心乐』之句，盖明道尝从先生游也。今读其诗，亦可想见先生之迹矣。邑之士尚能记盗火，前县厅有木柜一，其高四尺，其阔视其高加尺焉，以贮官文书。其上锓『庆历四年置、桂阳县令周』凡十字，而书押于下，实先生时旧物，然煨烬亦久矣。

嘉定十三年六月，思诚叨令兹邑，入境诣学，谓学必有先生祠，乃巍然独存大成殿，其门庑遗址尽没于蒿莱，唯一厅一寝室，傍无他屋。欲求拜先生之遗像，而竟莫知所向，惕然为之不宁。适县主簿肖允恭以修建县学请于上司，好义者捐金为之助。簿因悉力经营，未克告成。思诚遂合一邑之士，课试于中，而日廪之。凡三十余员，分隶六斋，挟册吟咏；多能读书，通道德性命之说，非如他邦举子，束此书于高阁，谓非时文所急也。乃知是邦之士，沐先生之泽，洽于其心久矣。遂于大成殿右庑之西南，立祠以祀先生。又思县之正堂，先生昔常居之，因榜其中间曰濂溪堂，俾得伸其景仰。别创屋三间于东边，榜曰『光风堂』，亦祀先生像于其中。其旁二间，则以为政暇读书之所，庶几朝夕如见先生。于是县学斋皆有先生之祠，邑士民罔不肃然起敬。

嘉定十五年六月吉日，思诚率诸生释菜于先生之祠，礼毕乃告之曰：『先生之道具于人心，先生之训垂于图典，夫岂远乎哉。故曰志伊尹之所志，学颜子之所学。夫志、心之所之也；学，所以效先觉也。实其心之所求，而以希圣希贤为效力之地，使穷不失义，达不离道，则尧舜伊周孔颜相传之旨，岂外是哉。盖实胜为善，名胜为耻，君子务实胜，故曰休；小人则伪耳，故曰忧。先生所以为万世训者，可谓深切而著明矣。二三子能事斯语，无流于口耳之伪，则斯道也将大明于世也乎。』言未竟，诸生皆戄然如有感，乃合辞而请曰：『愿识之，以验后来。』思诚不敢辞，敬叙次立祠之巅末，与所诵先生格言之意，以励诸生者，俾镵于石。

——《〔嘉庆〕郴州总志》卷三十五（清嘉庆二十五年刻本）

【宋】邹恭

邹恭（生卒年不详），福建邵武（今福建邵武）人。南宋度宗咸淳元年（1265）由奉直大夫任郴州知军。

三绝碑跋

淮海词、东坡语、元章笔，素号『三绝碑』。骚人词客得之宝惜。余来守是邦，首访旧刻，把玩不置。因谒苏仙山，少憩白鹿洞口，偶披蓁而上，有泉出乎两山之间。于是草创小亭，环植桃栽，追思唐孙会『何异武陵之境』之句，慨悟少游『桃源望断知何处』之所咏。乃命工以其词镵之石壁，尚与此景同传不朽云。

咸淳丙寅春辛卯月邵武邹恭跋。

——《[光绪]湖南通志》卷二百八十四（清光绪十一年刻本）

【元】王都中

王都中（1279—1341），字元俞，号本斋，福宁州（今福建霞浦）人。元至元二十二年（1285）元世祖以荫录都中为少中大夫。元至大年间任郴州路总管，期间大办学校，延请名儒，文教方兴。有诗集留传于世。

登苏峰

平生僻好登仙山，紫翠缥缈三岫间。公余杖策时一到，尘埃荡扫天风寒。苍松独立老龙出，身到洞天人不识。

遥看玉殿底虚皇，香雾丹霞绕琼室。翠涛三吸赋玄言，何必研朱点《周易》。仙人舅氏空遗宅，楼阁玲珑倚苍石。好是凭阑对月时，一江倒浸千峰碧。

游胜会寺

寺古唐朝立，山藏一径幽。木生灵寿异，花发蕙兰稠。瀹茗香浮齿，簪梅雪满头。公余寻胜会，此地约重游。

登东山寺

古寺岧峣隐翠微，松阴行尽见朱扉。岩花识面远迎笑，野鸟忘机近不飞。相国书堂今寂寂，山僧法座久巍巍。凭阑欲问当时事，白鹭无言立钓矶。

题叉鱼亭

昌黎曾此赋叉鱼，披棘寻碑考郡图。重筑草亭存古意，双浮画舫做西湖。激轮为磨供官费，隔水分塘笑我愚。寄语后来贤太守，相承无似此慵迂。

登南塔

自笑登临脚力微，也携藜杖叩山扉。禅僧入定浑无语，野鸟知还亦倦飞。一塔近天铃自语，千峰蘸水石空巍。何当快整东归棹，帆饱东风数过矶。

游北湖

画舟摇曳泛空明，满酌流霞倒玉觥。山鸟亦知游乐意，夕阳高处两三声。

——《元诗选三集》卷七（《文渊阁四库全书》本）

龙泉

一泓寒水碧泠泠，四面青山列翠屏。龙乐深潜鱼自乐，绕塘风送稻花声。

——《〔康熙〕郴州总志》卷十（清康熙刻本）

和郴卿北湖

访古空遗迹，叉鱼旧有亭。苔封荒径绿，草没断碑青。老树根横水，云芦叶满汀。渔歌何处起，倦客倚栏听。

——《永乐大典》卷二二六五（北京图书馆出版社2004年影印本）

【元】完颜东皋

完颜东皋（生卒年不详），元代湖南廉访使。

郴水

荆楚东南地，郴阳据上游。万山攒剑戟，一水注襟喉。邈矣昌黎庙，伤哉义帝丘。我来兼问俗，烟雨涨中洲。

——《[嘉靖]湖广图经志书》卷十四（明嘉靖元年刻本）

【明】解缙

解缙（1369—1415），字大绅，号春雨，吉水（今属江西）人。明代文学家。明洪武二十一年（1388）中进士，官至内阁首辅，右春坊大学士。任总裁官监修《永乐大典》。

桂阳寿江水记

桂阳山水之秀，为湖南伟观。而顾者每每为之徘徊而不能去，而况其居而乐之者与。

桂阳城南俯临大溪，溪水清澈。有石其间，皆韶润芳泽。其似龟者，昂首曳尾，负介元苍，跟跗宛具，金辉玉映，灵状具焉。其似鹤者，延颈若顾，羽衣翩跹，皓白凝雪，点赤流丹，朝阳始兴，夜月初霁，宛在水中，如欲唳焉，如欲舞焉。造物者之巧于刻画，信为美观。而凡居溪旁者，世多寿考，有百余岁人。山川发灵岂可诬哉。

北流学官邓立仁，其先衡州人，陈初为卢阳令，因家焉。故隶广东，国朝即卢阳置桂阳县，遂属郴州。立仁所居，在此石侧，亦世有寿考。立仁家居时，以龟鹤名其轩，而未有记之者，间求予言。予唯水石之观，天壤间亦不为少，今若桂阳之二石，兆见嘉祥，致有寿考。而立仁又以科第发身，禄仕未艾，则世之所不多见也。

立仁尚自勉焉，由是学崇誉立，年富德成，将由学官致位通显，大发其素蕴以仁寿斯民也。则是祥也，岂徒一家一人与一溪之旁而已哉，是将传之天下，而使人人知之也。国之蓍龟，朝之羽仪，予于立仁有厚望焉。

——《〔嘉庆〕郴州总志》卷三十五（清嘉庆二十五年刻本）

【明】李东阳

李东阳（1447—1516），字宾之，号西涯，湖广茶陵（今湖南茶陵）人。明英宗天顺八年（1464）举二甲进士第一。累官至吏部尚书、华盖殿大学士。著有《燕对录》《怀麓堂集》。

桂阳桂枝岭塔记

湖广有两桂阳，其属衡者为州，属郴者为县。桂阳县去京师不下八千里。在群山之间，其岭最巨，其名最著者三：曰大官，曰君子，曰桂枝。桂枝岭在县西南境，岭上旧有塔。其东南又有岭，曰马坎，峙为三峰，日西塔影正坠其上，如笔架之状。不知为何代人所建，岁久益废，无可考征。而乡父老咸能指示其故处，以为县中诸景所会，盖奇观也。

成化己丑，桂阳人朱尚仁辈，游于桂岭之上。寻故塔所在，得其遗址尚存，宛然可识。叹曰：『兹可复也。』归而谋诸县吏及诸乡士，共图之。凡为费若干，其为高七寻，为广一丈二尺，为级七重。以辛卯年六月十五日成。于尚仁率众载酒登之，则见其连山距溪，丰草茂木；前者拥，后者从，旁周而中络，一县之境，可坐而见也。于是复相顾而叹曰：『吾徒生长乎此。出作入息，村行里至，不知山川之为胜也。』夫兹塔据奇而积富，简居而博应，可以宣达郁积，洞开心神，息焉游焉，君子之所以不废者也。虽然，其始建也，亦岂不侈然大观哉。曾几何时，而其魁杰磊落者，已沦荡于铓镝锋燹之余。其仅存者不过为尘沙，为瓦砾。及其至也，则虽天造地设、左环而右拱者，与时俱化，洼者或深而为陵，崒者或湮而为谷矣。而况于此乎。今吾徒遭世承平，居有暇，日食有余，力以及斯役，亦以验物极而必返，人事之不可常也乎！顾瞻父母之邦，拱揖天子之都，飞扬感慨，盖有不可已者，吾徒岂不能久处此也？是时闻者，咸慨然壮之。

是岁尚仁来京师，以告于予，请为记，予未有暇也。及观于湖湘，南距桂阳不数百里，而莫之至。既还京师，尚仁亦举进士以归。其族兄进士中孚复来，求速成之，故为记其始末如此。桂阳旧多科宦，说者以为山川所钟。而谓此塔景为文笔，晦而复著，予故以为存乎其人，若朱氏故名德裔也。因并书之，以告后之人。

——《［嘉庆］郴州总志》卷三十五（清嘉庆二十五年刻本）

竹园书屋歌

桂阳县南多竹园，朱家种竹秀且蕃。根如蟠龙叶翥凤，侧立耸拔皆儿孙。千枝万干散复合，上蔽倒景回清墩。碧云在空晴不卷，苍雪洒地寒无痕。南池水清绿于染，影带晴江春冉冉。中林断处忽青山，门外笔峰秋数点。竹园老翁长爱诗，读书教子鬓成丝。台骖郡驾日相逐，涧雨岩风无改时。汉家中丞霜雪姿，南历岭海西豳岐。十年襟抱画图见，万里平安书札知。秋曹郎官清比竹，身着青袍佩苍玉。竹林在园书在屋，如此传家殊不俗。君家虽贫贫亦足，有园可居书可读。我家湖南在乡曲，无竹无园但空谷。归当坐我青石床，净洗胸中尘万斛。

——《［嘉庆］郴州总志》卷三十七（清嘉庆二十五年刻本）

怀郴竹，为何郎中孟春作

郴州形胜天下稀，千岩万壑劳攀跻。山高地峻水清驶，此语吾信韩昌黎。何郎少年美文藻，直似赏识随标题。偶逢燕人作楚语，某水某山皆不迷。黄岑山深入云雾，楚越藩篱此门户。五岭中分隔雨晴，诸峰忽变成朝暮。苏仙恍惚无定所，何公流传岂其祖。有泉如燕复如潮，与月盈虚社来去。编磬悬钟似有声，奇形怪状纷无数。吾祖昔闻先此州，吾家近住茶溪头。扁舟三日不一到，空负平生作壮游。

——《怀麓堂集》卷五十三（《文渊阁四库全书》本）

工部尚书曾公墓志铭

公与予同出湖南，同籍京卫，入京学，同举进士第。前后四十五年，交最稔。去冬公访，予病，弗果见，为之怅叹以去。今春，予始入觐，而公已病，越数日遂不起。其子沄以治命请铭。嗟呼！予竟不获与公面诀而遽铭耶？

公姓曾氏，名鉴，字克明。举景泰丙子乡荐，其举进士，以天顺甲申。试政刑部，通州民十余辈坐盗，狱且具，公辨其诬，人惑之，后果得真盗，乃大服。初命为主事，寻以父丧阕服，改工部。督造供应器物，综理甚精。改吏部验封，迁稽勋员外郎。母丧，服阕，再入验封，进郎中，奏拟精核，人无訾议。成化丁未，擢通政司右通政，专领武官诰籍。弘治庚戌，迁太仆寺卿，马政修举，壬子擢工部右侍郎，督易州山厂薪炭事，专治经画，事集而人不扰。乙卯，召还，转左侍郎，修仓庾，葺宫掖，充唐府册封使。庚申，拜尚书，修诸禁门社稷坛及京城垣陴，凡涉公帑民力者，时执艺以谏。上尝召至便殿，趣造战车，公言派办不可，亟请以旧所积榆槐木为之。又尝问工匠缺乏，公历陈灾伤逃徙之故，皆见嘉纳。正德丙寅，修卢沟桥隄，制内殿龙毯，特赐玉带百余，若白金彩币等物，不可殚纪。前后所得敕诰赠封其二代及妻者凡四命，荫其子二人。既病，亟具疏乞休。上念公勤慎，勉从所请，进阶荣禄大夫，令有司月给米三石，岁给舆隶四人，命下而公已卒矣，讣闻，上悼惜，赠太子太保，遣中官赐宝镪万贯为赙，遣礼部官赐祭者再，仍令有司治葬事如制云。

公温纯乐易，不事矫饰，虽风雨寒暑，不废朝谒，官事未毕，继之以夜。性敦孝，友兄弟，同居白首无间言。族里穷急，力为赒施，而自奉简约，不为禄位所移易。部吏少俊者教以举业，且为给膏火费，后举乡贡者二，举进士者一，皆德之终身。下至仆隶亦感慕无饮怨者。是亦可谓难矣。

公生宣德甲寅六月二十三日，卒于正德丁卯闰四月八日，得寿七十四，以三月二十四日葬于都城南五基之原，其配陈夫人合焉。公初娶于陈，生子洪，侧室滕氏生子沄，今为国子生。公遗事尚多，尚书李公时器有状，铭不能悉也。

铭曰：卿有六署，公居其三。幼学壮行，老且益谙。工曹最繁，公所终始。世历累朝，岁几四纪。夙兴夜寐，心矢靡他。日累月积，岁计实多。尽瘁而生，得正而毙。亦有余恩，为身后地。凡器之类，锐必先折；公戢其锋，有用无缺。凡物之生，早必先萎；公敛其华，有实之理。公不言功，皇则念之。公不责效，天则验之。孰传厥宗，家有介子；孰最厥名，国有太史。

——《［嘉庆］郴州总志》卷三十六（清嘉庆二十五年刻本）

【明】罗洪先

罗洪先（1504—1564），字达夫，号念庵，吉水（今属江西）人。明代学者，杰出的地理制图学家。有《念庵集》《冬游记》《广舆图》传世。

桂阳濂溪书院记

县于丞尉稍尊，自州郡视之，皆下秩也。桂阳有邑以来，凡几令，令以治绩闻者，凡几人，至于今独称濂溪先生。以今揆之，将来大都可逆睹矣。先生三为令。世所传答李初平语，病且死，箧无余钱，皆在郴与南昌时，其令桂阳四年，未闻有甚奇伟不常之事，部使者以治绩荐，要之当不异于郴与南昌时也。然世之尊先生者，类以为孔孟以后一人，其追而祀之，盖又不独桂阳。自孔孟至于今，天下之善为令与为吏，而上称良吏者何限，较其治绩亦或有过之者，乃独先生一人是尊。呜呼！兹非有甚异于人，而亦非人之所甚难，其亦安能致之？

尝闻先生之学，以主静为要，言乎其静，举天下之事物概于其心，一无所欲也。夫耳目之交虽至细微，猝然遇之，犹或足以动其纷扰，而况举天下之事物哉。夫事物之来，固未尝纷扰也，而往往以纷扰应之者，为其未尝有所主也。不为主而为役，则小大易；小大易则盈耳目者无不可欲，奔驰众欲之中，胶胶轕轕，日亦不足，如是欿然馁矣。以其欿然而视一无可欲之心，其难易当何如哉！盖一物无欲易，物物无欲难；一念无欲易，念念无欲难；有所制而无欲者易，莫之御而无欲者难。此非自足而能为事物之主者乎！是故止而不为者存，而不存谓之虚，虚则明，明则通，而实未尝有所静也；出而不染者应，而不应谓之直，直则公，公则溥，而实未尝有所动也，是道也。天地日月四时鬼神且不能违，而况于人乎！是故在身则裕乎身，在邑则善乎邑，在郡则优乎郡。行之天下，归其仁；传之万世，报其德。是所谓人极之立，未可责事以为功，撰言以为誉者也。宜先生之尝尊欤？非尊先生也，道固自尊，人自莫得而与也。

先生去桂阳，士人思之，于署之傍，坎其洼者以为池，近郊之右，覆其阜者以为亭，复取『爱莲』『予乐』两言以为名，尝若先生往来游息未忘也。已而即亭为祠，设像释奠，典守有秩，岁久就圮。嘉靖己酉知县刘君翔病其外远，改筑池上，胥隶伺窃，嚣突弗处。癸丑宪使潘公子正廉之返其故处。明年甲寅，督学宪使林公懋和采诸生朱孔堂等议，行县加饬，于是知县徐君兆先实勤咨度，起废增美。讲堂学舍，次第就绪。将揖诸生诵习其中，遂命孔堂征记于予。

予因是有感焉。知位不在大，则贱可使贵；知圣学有要，则愚可使贤；知流风有自，则身可使存；知见大忘小，则物可使化；知心能有主，则欲可使无；知无欲常尊，则懦可使立。虽然一无所欲之心，奚必先生有之？即纷扰于事矣，抑亦有漠然无欲、泊然无味之时，知所择而主焉。回视向之纷扰，未始有物以梗之，皆吾之自惑也。故曰：至易而行难，果无难焉，则先生可使复见于今日。

——《〔嘉庆〕郴州总志》卷三十五（清嘉庆二十五年刻本）

【明】欧阳至

欧阳至，生卒年、里籍不详。明嘉靖中为桂阳州训导。桂阳州无大河，却设有渔丁、鱼油等户，欧阳至上任之初，目睹渔丁之苦，作渔丁之歌上陈知州戴录，后戴录上奏朝廷，渔课始免。

渔丁歌

桂阳开辟无河泊，只见青山石凿凿。先王因产制地征，此州渔课实为虐。夏书渔课独表徐，盖取诸有不于无。林甫荔枝生怨恨，丁蔡茶芽称奸谀。我朝鱼课出全楚，岂知桂阳异水土。只产草木不产鱼，屠蟹求肠空受苦。闻昔豪滑图差轻，数十余户籍鱼征。当时偷取眼前利，岂知流害及于今。破家荡产半逃走，官吏追纳嗟何有。上司督促急如雷，吏夜打门惊鸡狗。里胥组颈如贯鱼，年年称贷赎鱼租。老妻泣剪机中织，稚子泣父残皮肤。渔吏迩年幸裁革，尚有渔油征旧额。今愿戴侯效伯游，奏罢鱼油寿民脉。

——《〔康熙〕桂阳州志》卷六（清康熙刻本）

【明】庄壬春

庄壬春（1507—1577），字用温，号后峰，晋江（今福建晋江）人。明嘉靖八年（1529）进士，嘉靖十九年任郴州同知。

重修苏仙桥记

嘉靖十有九年夏六月，余谪郴州。其至之五日，避暑出城东桥，登苏仙观，相传汉苏耽冲升于此，人因名其桥为苏仙桥云。

余归，天阴雨，七月五日雨甚，河水泛溢。余出视桥，已成巨浸矣。无何，祭漂没人口。复至桥，二碑尚存。余读其碑，乃知桥，乡先生侍郎崔公所筑也。又见行人往来病涉者，余嗟悼数四。久之，有崔公子公卓君者，余躬延主治桥事，以监生喻子执佐之。令义民耆民廖纬、黄科、喻正谊、孙继、杨銮、黄永遄、李廷珙、曹尚本、陈大节、吴廷秩辈，募民输粟金。其后费用稍稍不继。兵宪李公行部公卓等上其事，公嘉其义，令募诸属邑，属邑之民亦闻义而输粟金云。州亦上其事于抚台，诸公咸嘉褒公卓君等之义。凡七阅月，而桥成云。桥阙有五，架有六，广二十五尺，高三十六尺，其规制增旧矣。

是役也，费金五百零五两，米五百四十石。伐石二千，木一千，造石舟二十艘。募水工八百人，石工百五十人，土工一百人，其伐人、曳人、输人不与焉。州人咸言于余曰：『岁有水灾，意者无以祀河泊为崇乎？愿徙祀鱼鲊神于此，为民御水患。』于是从民请，立庙于桥之东。余因得记其事云。

按：标题为编者所加。

——《［万历］郴州志》卷九（明万历刻本）

【明】胡汉

胡汉（生卒年不详），字文叔，新安歙县（今属安徽）人。明万历三年（1575）知郴州。

重登苏岭

苏仙突兀枕江流，九日重登续胜游。几点峰峦天外小，千家烟火望中收。整冠共诧风生软，把菊争呼酒送稠。潦倒新亭歌未歇，忽惊凉月在松楸。

——《［万历］郴州志》卷六（明万历刻本）

白莲池（二首）

谁将巨斧劈山巅，一脉灵泉接上天。莲萼自开还自谢，仙人乘鹤几时旋。

莲浴山池破碧漪，柳依断岸野烟迷。渔郎几度闲来往，笑我舣舟今已迟。

——《［万历］郴州志》卷七（明万历刻本）

思过轩

胡子治郴，率以无心应事，事过而以理隐括之。多至拂戾，因辄自悔曰：『予过矣。』已而复应则犹然故吾，辄又自讼。盖所谓频复厉也。

乃辟轩燕居之西，聚书数十卷。公退，则取书以读，思其所以频过者。一日读《易》，至『乾则惕然』，曰：『吾心与天地相似，天行健，有一息阻滞，则乾体不流。君子自强不息，有一息懈怠，则真体晦昧。予之过其在是夫！』自是而日儆惕，时兢业，即宴息终食，犹是心也。行之期年，自谓得治过之术，而不远之复，则终未之逮也。乃扁其读书之轩曰『思过』，日坐而瞻对，庶几其有省也。因复述其所以名轩之意。

嗟夫！应事之过，人皆见之，见而予告，庶几可改。至于心过，非见而自克，不能也。《易》曰：『君子终日乾乾，夕惕若厉。』噫！有乾之若厉，斯可以免复之频厉矣。记之。

——《［万历］郴州志》卷十（明万历刻本）

郴州志序

昔袁君均哲、王君心常辑郴志，袁志详而杂，王志略而芜，郴人病之，举以属余。余谫陋，何足语，此乃文献所寓，曷敢固辞。于是辍政，与乡先生及博士诸弟子从事，详者省之，杂者正之，略者补之，芜者削之。新闻旧迹，有二志之所遗而未及录者，则又辑而入之。为表四、为志六、为传五、为纪一，凡三阅月而志告成，更属于诸邑君再致精密，乃畀就刻。

顾余因是有重感焉。夫志者，志也，所以载事而垂教也。今即旧志之所传述，郴之郡其来久矣，乃其间之与时高下者，则数数焉。风俗之有淳漓也，守令之有良窳也，人物之有盛衰也，生息之有增减也，赋税之有损益也，一披睹焉，可识也。粤稽其故，则若余之为守若令，及若诸先生之二三君子不得辞其责也。何也？谓其有所系也，是故举而责之于齐民，不能也；又谓其存乎人也，是故举而归之于气数，不可也；又谓其在乎己也，是故举而徒品骘乎先民，不恕也。诸君子能无于此有惕然无乎？而余则几以是为惧府也。苟唯以徒文视，则此修为赘也。在郴又何藉是而汲汲廑诸君子虑焉。余不佞，敢以自勖。诸君子具在，敢望自勉。且也顾而书之于册，以告夫后之嗣政而继乡先生轨者。则余之惧，其可什也。

……至于立例修词，则余有不得辞其责者，爰并叙之。万历丙子春三月胡汉识。

——《［万历］郴州志》卷首（明万历刻本）

【明】顾宪成

顾宪成（1550—1612），字叔时，号泾阳，无锡（今江苏无锡）人。明代思想家。明万历八年（1580）进士，授户部主事，后任吏部主事。因上疏被谪任桂阳州判官，作《愧轩记》。

愧轩记

昔柳子厚落职永州，其所为文辞，往往有无聊之色。至于苏子瞻又何超然自得也，其为诗至欲『长作岭南人』，可谓知所处矣。

予窃谓顺逆时也，穷通命也。记曰：『君子素其位而行，不愿乎其外。』臣事君犹子事亲也，臣不得于君，子不得于亲，宜日夜警省，引愆补过，兢惕以将之，诚恳以格之，『动心忍性，曾益不能』以俟之。盖忧近歉，乐近盈。柳既失矣，苏亦未得也。虽然，是二子者固自有说焉。子厚倜傥负奇气，有经世才，一旦遭摈弃，子瞻高旷拔俗，不能下人，人以故争疾而中之。若是者，曾不啻浮云之过太虚，而何足以介意。然则子厚之忧，子瞻之乐，品地然耳。且子厚诚不胜无聊，卒能发愤淬砺，与韩昌黎并驱，则亦可以洗涤夙垢，消其穷愁。子瞻岂不诚超然哉，而忠君爱国出自天性，故坐戆直，数谴呵，俾谗邪得气，重贻主德之累，则恳恻殆有甚焉。此又以知子厚之忧，未尝无乐；子瞻之乐，未尝无忧。非恒情可得而测也。

予何敢谬附于忧与乐之间？唯自履任以来，自监司以下，率皆优容之，其州之耆老子弟，顾以为父母我也，一切供事唯谨，而予靡毫发报塞者。诸士有所扬搉，大都不离于训诂，非能益之也。归而求之六尺之躯，犹然故吾，又靡毫发表树。怠其职而丰其享，据其名而隳其实，唯深自愧而已。考州乘，庄公定山亦尝谪于此，甚有功德，至今人能道之。若焦泌阳位虽贵，莫之问也。得失之监昭然，予将奚居哉？嗟呼！柳氏文而已也，苏氏未离乎文也，庄氏离乎文矣，晚年一出尚不免于忌嫉，况其下焉者哉，甚矣出处之难也！

予至桂城无所居，假馆于藩大夫之公署。晨起无事，坐中轩，摊书而阅之。辄复内念，仰而无以对于先哲也，俯而无以对于州之耆老子弟也，因而额之曰『愧轩』。为之记，欲使天下后世共知予过云尔。

——《［同治］桂阳直隶州志》卷六（清同治七年刻本）

【明】汤显祖

汤显祖（1550—1616），字义仍，号海若、若士、清远道人，临川（今江西临川）人。明代杰出的戏剧家、文学家。明万历十一年（1583）中进士，历任南京太常寺博士、礼部主事，因触怒皇帝贬为徐闻典史，后调任浙江遂昌知县。著有戏剧《临川四梦》、诗集《玉茗堂全集》。

答李郴州乞雨苏仙有应因忆与高太仆谢友可吴拾之夜游时谪徐闻不得过郴为恨耳

秋水洞庭波渺渺，春年林野柳毵毵。谢生岂可今无一，与子为欢月有三。怪里新妆能达曙，兴中余酒必留酣。君僧太仆楸文局，我爱吴卿碧玉簪。几度笑歌回夜渚，何年别泪隐晴岚。之官楚曲遥连桂，问俗衡州喜种兰。似有青牛随李叟，久无白鹤到苏耽。不知云汉歌能苦，为许山川雨作甘。罢舞香云连下鹤，初飞灵雨应随骖。歌风文学诸生满，为政神明自尔堪。岁在春曹谁不美，古称仙尉我犹惭。今归几问湘源北，昔去初过瘴岭南。桂水所思能晤语，韶阳归兴失穷探。三春倏别何情切，千里传书得面谈。更欲苍梧一来往，不堪憔悴向江潭。

——《玉茗堂全集》卷十二（明天启刻本）

【明】徐弘祖

徐弘祖（1586—1641），字振之，号霞客，江阴（今江苏江阴）人。明朝地理学家、旅行家、文学家。著有地理名著《徐霞客游记》。明崇祯十年（1637），四月初三日，徐弘祖由蓝山县入郴境临武县，四月十二日由郴江入耒水，十三日出永兴县，历时十一日，皆有记。

徐霞客游记（节选）

初三日 中夜起，明星皎然，以为此后久晴可知。比晓，饭未毕，雨仍下矣。躞蹀泥淖中，大溪亦自蓝山曲而东至，遂循溪东行。已而溪折而南，路折而东。逾一岭，共五里，大溪复自南来，是为许家渡。渡溪东行一里，溪北向入峡，路南向入山。五里为杨梅原，一二家倚山椒，为盗焚破，零落可怜。至是雨止。又南十里，为田心铺。田心之南，径道开辟，有小溪北向去，盖自朱禾铺来者。自此路西大山，自蓝山之南南向排列，而澄溪带之；路东石峰耸秀，亦南向排列，而乔松荫之。取道于中，三里一亭，可卧可憩，不知行役之苦也。共二十里，饭于朱禾铺，是为蓝山、临武分界。更一里，过永济桥，其水东流，过东山之麓，折而北以入岿水者。又南四里为江山岭，则南大龙之脊，而水分楚、粤矣。（岭西十五里曰水头，《志》谓武水出西山下鸬鹚石，当即其处。）过脊即循水东南，四里为东村。水由峡中南去，路东南逾岭，直上一里而遥，始及岭头，盖江山岭平而为分水之脊，此岭高而无关过脉也。下岭，路益开整，路旁乔松合抱夹立。三里，始行坞中。其坞开洋成峒，而四围山不甚高，东北唯东山最巍峻，西南则西山之分支南下，直抵苍梧，分粤之东西者也。三里，径坞出两石山之口，又复开洋成峒。又三里，复出两山口。又一里，乃达垫江铺而止宿焉。南去临武尚十里。是日行六十里，既止而余体小恙。

初四日 予以夜卧发热，平明乃起。问知由垫江而东北十里，有龙洞甚奇，余所慕而至者，而不意即在此也。乃寄行囊于旅店，遂由小径东北行。四里，出大道，则临武北向桂阳州路也。遵行一里，有溪自北而南，盖发于东山之下者。名斜江。渡桥，即上捱冈岭。越岭，路转纯北，复从小径西北入山，共五里而抵石门蒋氏。有山兀立，蒋氏居后洞，在山半翠微间。洞门东南向，一入即见百柱千门，悬列其中，俯洼而下，则洞之外层也。从其左而上，穿列柱而入，众柱分列，复回环成洞，玲珑宛转，如曲房邃阁，列户分窗，无不透明聚隙，八窗掩映。从来所历诸洞，有此屈折者，无此明爽，有此宏丽者，无此玲珑。即此已足压倒众奇矣。时蒋氏导者还取火炬，余独探奇先至，意炬而入处，当在下洞外层之后，故不趋彼而先趋此。及炬至，导者从左洞之后穿隙而入。连入石门数重，已转在外洞之后，下层之上矣。乃北逾石限穿隘而入，即下石池中。其水澄澈不流，两崖俱穹壁列柱，而石脚汇水不漏，池中水深三四尺。中有石梗中卧水底，水浮其上仅尺许，践梗而行，褰裳可涉。十步之外，卧梗又横若限，限外池益大，水益深，水底白石龙一条，首顶横脊而尾拖池之中，鳞甲宛然。挨崖侧又前两三步，有圆石大如斗，莩插水中，不出水者亦尺许，是为宝珠，紧傍龙侧，真睡龙颔下物也。珠之旁，又有一圆石大倍于珠，而中凹如臼，面与水平，色与珠共，是为珠盘。［然与珠并列，未尝盛珠也。］由此而前，水深五六尺，无梗，不可涉矣。西望水洞宏广，若五亩之池，四旁石崖巑岏参错，而下不泄水，真异境也。其西北似有隙更深，恨无仙槎一叶航之耳！还从旧路出，经左洞下，至洞回望洼洞外层，氤氲窈窕。乃令顾仆先随导者下山觅酒，而独下洞底，环洞四旁，转出列柱之后。其洞果不深避，而芝田莲幄，琼窝宝柱，上下层列，崆峒杳渺，即无内二洞之奇，亦自成一天也。［此洞品第，固当在月岩上。］探索久之，下山，而仆竟无觅酒处。遂遵旧路十里，还至垫江，炊饭而行，日已下舂。五里，过五里排，已望见临武矣。又五里，入北门，其城上四围俱列屋如楼。入门即循城西行，过西门，门外有溪自北来，即江山岭之流与水头合而下注者也。又循城南转而东过县前，又东入徐公生祠而宿。徐名开禧，昆山人。祠尚未完，守祠二上人曰大愿、善岩。是晚，予病寒未痊，乃减晚餐，市酒磨锭药饮之。

初五日 早，令顾仆炊姜汤一大碗，重被袭衣覆之，汗大注，久之乃起，觉开爽矣。乃晨餐，出南门，渡石桥，桥下溪即从西门环至者。城外居民颇盛。南一里，过邝氏居，又南二里，过迎榜桥。桥下水自西山来，北与南门溪合，过桥即为挂榜山，余初过之不觉也。从其南东上岭，逶迤而上者二里，下过一亭，又五里过深井坪，始见人家。又南二里，从路右下，是为凤头岩，［即宋王淮锡称秀岩者。］洞门东北向，渡桥以入。出洞，下底，抵石溪，溪流自桥即伏石间，复透隙潆崖，破洞东入。此洞即王记所云『下渡溪水，其入无穷』处也。［第王从上洞而下，此则水更由外崖入。］余抵水洞口，深不能渡。［闻随水入洞二丈，即见天光，五丈，即透壁出山之东，是山如天生桥，水达其下仅三五丈，往连州大道正度其上，但高广，度者不觉耳。予登巅东瞰，深壑下环，峡流东注。近俱峭石森立，灌莽翳之，不特不能下，］亦不能窥，所云『其入无穷』，殆臆说耳。还十里，下挂榜山南岭，仰见岭侧，洞口岈然，问樵者，曰：『洞入可通隔山。』急披襟东上，洞门圆亘，高五尺，直透而入者五丈，无曲折黑暗之苦，其底南伏而下，则卑而下注，不能入矣。仍出，渡迎榜桥，回瞻挂榜处，石壁一帏，其色黄白杂而成章，若剖峰而平列者，但不方整，不似榜文耳。此山一枝俱石，自东北横亘西南，两头各起一峰，东北为挂榜，西南为岭头，而洞门介其中，为临武南案。西山支流经其下，北与南门水合，而绕挂榜北麓，东向而去。返过南门，见肆有戍肉，乃沽而餐焉。晚宿生祠。

初六日 饭而行。出东门，五里，一山突于路北，武水亦北向至，路由山南水北转山嘴复东南去。路折而东北，一里，一路直北，乃桂阳间道；一岐东北，乃宜章道也。三里至阿皮洞，武溪复北折而来，经其东北去。水西有居民数家，从此渡桥东上牛庙岭，俱寂无村落矣。逾岭下四里，为川州水凉亭。又五里，升降山谷，为桐木郎桥。桥下去水，自南而北，其发源当自秀岩穿穴之水也。桥东有古碑，大书飞白，为广福桥。其书甚遒劲，为宋桂阳军知临武县事曾晞颜所书。从此南而东上一岭，又东向循山半行五里，路忽四岐，乃不东而从北。下岭，又东从山坞行五里，为牛行。牛行人烟不多，散处山谷。盖大路从四岐直东，俱高岭无人，而此为小路，便于中火耳。由牛行又东，从小径登岭。逾而下，三里，为小源，亦有村民数家。从此又东北逾二岭而下，共五里，为水下。遇一人，言：『水下至凤集铺止三里，而岭荒多盗，必得送者乃可行。』余乃饭于水下村家，其人为我觅送者不得，遂东南一里，复南上小径，连逾二岭，则铺在山头矣。其铺正在岭侧脊，是为临武、宜章东西界，而铺亭颓落，寂无一家。乃东下岭，转而东北行。二里，始有村落，在小溪西。渡溪桥，而东北循水下二里，至锁石，村落甚盛。北望有大山高穹，是为麻田大岭。由锁石北上岭，三里过社山，两峰圆削峙，一尖圆而一斜突，为锁石水口。由其东下岭二里，则武溪复自北而南，路与之遇。乃循溪南东行，溪复转而北，溪北环成一坪，是为孙车坪，涯际有小舟舶焉。即从溪南转入山峡，一里，南上一岭，曰车带岭。其岭嶕而荒，行者俱为危言。余不顾，直上一里半，登其巅，东望隐隐有斑黄之色，不辨其为云为山，而麻田大岭已在其北矣。下岭里半，有溪流淙淙，其侧石穴中，有泉一池，自穴顶下注，清泠百倍溪中，乃掬而饮之，以溪水盥焉。更下而东，共七里，至梅田白沙巡司。武溪复北自麻田南向而下，经司东而去。是日午后大雾，共行六十里，止于司侧肆中。先是，途人屡以途有不测戒余速行，余见日色尚早，何至乃尔，抵逆旅，始知上午有盗，百四十人自上乡来，由司东至龙村，取径道向广东，谓土人无恐，尔不足扰也。

初七日 晨餐后乃行，以夜来体不安也。由司东渡武溪，遂东上渡头岭。东北行，直逼麻田大岭下，共三里，乃转东南，再上岭，二里而下，始就坞中行。又五里，有数十家散处山麓间，是为龙村。其北有石峰突兀路左。又东北二里，乃南向登岭，从岭上平行三里，始南下峡中，有细流自南而北，渡溪即东上岭，里半为高明铺。又下岭，又三里，为焦溪桥。焦溪在高明南，有数十（家）夹桥而居，其水自北而南。由此东南三里，逾一岭，为芹菜坪。其南有峰分突，下有层崖承之，其色斑赭杂黑，极似武彝之一体。此处四山俱青葱巉屼，独此有异。又三里，逾岭，颇高。其先行岭北，可平瞻麻田、将军寨、黄岑岭诸峰，已行岭南，则南向旷然开拓，想武江直下之境矣。下岭，又北二里，有楼横路口，是为隘口。其东南山上，有塔五层，修而未竟。过隘口，循塔山之北垂，觅小径转入山坳，是为艮岩。寺向西南，岩向西北，岩口有池一方。僧凤岩为我煮金刚笋，以醋油炒之以供粥，遂卧寺中，得一觉。下午入南镇关，至三星桥。过桥，则市肆夹道，行李杂遝，盖南下广东之大道云。桥即在城南，而南门在西，大道循城而东。已乃北过东门，又直北过演武场。其内葱石巉巉，横卧道侧。共北十里，过牛筋洞，居民将及百家，在青岑山下。盖大山西南，初峙为麻田大岭，犹临武地。其东北再峙为将军寨。已属宜章。此最高之顶，乃东北度为高云山，有寺焉。乃北转最深处，于是始东列为黄岑。其山南北横列，其南垂即为曲折岭，又东更列一层，则青岑也，牛筋洞在其东北麓。更北行一里，为野石铺。其北石峰嵌空，蹲踞路左，即为野石岩，而始不知。问其下居人，曰：『由其北小径入即是。』乃随其北垂，转出山背，乃寺场，非岩洞也。亟出，欲投宿于岩下人家，有一人当门拒客，不入纳。余见其岩石奇，以为此必岩也，苦恳之，屋侧一小户中容留焉。欲从其舍后上岩，而其家俱编篱绝，须自其中舍后门出，而拒客人犹不肯容入。乃从南畔乱石中攀崖逾石而入。先登一岩，其门岈然，而内有透顶之隙，而不甚深。仰视门左，有磴埋草间，亟披荆上。西南行石径间，复得石门如合掌，其内狭而稍深，右裂旁窍，其上亦透天光，而右壁之半，一圆窍透明如镜。出峡门，更西北随磴上，则穹崖削立，上有叠石耸霄，下若展幛内敛。时渐就晚，四向觅路不得，念此即野石岩无疑。《志》原云『临官道旁』，非山后可知，但恨无补叠为径以穷其胜者。乃下，就坐其庑下，而当门人已他去。已而闻中室牖内有呼客声，乃主人卧息在内也。谓：『客探岩曾见仙诗否？』余以所经对。曰：『未也，穹崖之右，峡门之上，尚有路可上，明日当再穷之。』时侧户主人意虽爱客，而室甚卑隘，猪圈客铺共在一处，见余意不便，叩室中妇借下余榻，而妇不应，余因就牖下求中室主人，主人许之，乃移卧具于中。中室主人起向客言：『客爱游名山，此间有高云山，乃众山之顶，路由黄岑岭而上，宜章八景有「黄岑滴翠」「白水流虹」二胜在其下，不可失也。』余颔之。

初八日 晨，觅导游高云者，其人欲余少待，上午乃得同行。余饭后复登岩上，由穹崖之东，从郁之下，果又得路。上数步，乱石纵横，路复莫辨。乃攀逾石萼，上俱嵌空决裂，有大石高耸于外，夹成石坪，掩映愈胜，然终不得洞中诗也。徘徊久之，还至失路处，见一石穴，即在所逾石下。乃匍伏入，其内峆岈起裂，列穴旁通，宛转透石坪下，皆明朗可穿。盖前越其上，兹透其底，求所谓仙诗，竟无有也。下岩，导者未至，方拽囊就道，忽北路言，大盗二百余人自北来。主人俱奔，襁负奔避后山，余与顾仆复携囊藏适所游穴中，以此处路幽莫觉，且有后穴可他走也。余伏穴中，令顾仆从穴旁窥之。初奔走纷纷，已而路寂无人。久之，复有自北而南者，乃下问之，曰：『贼从章桥之上，过外岭西向黄茅矣。』乃下岩南行，则自北南来者甚众，而北去者犹蹜蹜不前也。途人相告，即梅前司渡河百四十名之夥，南至天都石坪行劫。乃东从间道，北出章桥，转而西还，盖绕宜章之四郊，而犹不敢竟度国门也。南从旧路一里半，抵牛筋洞北，遂从小径，西南循大山行。里半，出牛筋洞之后，乃西越山峡，共五里。出峡，乃循青岑南麓行。有路差大，乃西南向县者，而黄岑之道则若断若续，唯以意拟耳。

共西三里，转一冈，始与南来大道合，遂北向折岭。二里，直跻岭坳，其西即『白水流虹』。章水之上源，自高云山南径黄岑峒，由此出峡，布流悬石而下者也。［土人即称此岭曰黄岑，然黄岑山尚北峙，此其南下支。］逾岭，西北半里，即溯涧行，黄岑山高峙东北，其阳环成一峒，大溪横贯之。竟峒里半，有小径北去，云可通章桥。仍溯溪西行三里，为兵马堂路口。仍溯溪北转一里，乃舍溪登岭。北上一里，西下坞中，是为藏经楼。高山四绕，小涧潆门，寺甚整洁。昔为贮藏之所，近为贼劫，寺僧散去，经移高云，独一二僧闭户守焉。因炊粥其中，坐卧其中久之。下午，乃由寺左登岭，岧峣直上者二里，是为坪头岭。逾岭稍下，得坞甚幽，山帏翠叠，众壑争流，有修篁一丘，丛木交映中，静室出焉。其室修洁，而空寂无人，高山流水，窈然而已。半里，逾坞，复溯涧北上岭一里，岭穷而水不绝。此坪头而上第二岭也。水复自上坞透峡下，路透峡入，又平行坞中半里，渡涧，东北上岭。［涧东自黄岑山后来，平流坞中，石坪殷红，清泉素润，色侔濯锦；出峡下泻，珠鸣玉韵，重木翳之，杳不可窥；于是绕静室西南下注，出藏经岭南，为大章之源也。］岭不甚高，不过半里，渐盘出黄岑北。其处山鹃鲜丽，光彩射目，树虽不繁，而花色绝胜，非他处可比。此坪头上第三岭也。稍过坪，又东北上一里，逾岭脊。此坪头上第四岭矣。其西石峰突如踞狮，为将军山南来东转之脉，其东则南度为黄岑山者也。逾岭北下一里，折而西北下，行深树中又一里，得高云寺。寺虽稍倚翠微，犹踞万峰绝顶。寺肇于隆庆五年，今渐就敝，而山门方丈，犹未全备，涧峻极之构造非易也。寺向有五十僧，为流寇所扰，止存六七僧，以耕种为业，而晨昏之梵课不废，亦此中之仅见者。主僧宝幢，颇能安客。至寺，日犹未衔山，以惫极，急浴而卧。

初九日　晨起，浓雾翳山，咫尺莫辨，问山亦无他奇，遂决策下山，东北向丛木中下。初，余意为萝棘所翳，即不能入，而身所过处，或瞻企不幸。及五里至山麓，村落数家散处坞中，问所谓坦山，皆云即此，而问所谓万华岩，皆云无之。徘徊四顾，竟无异处。但其水东下章桥，大路从之，甚迂；由此北逾虎头岭出良田，为间道，甚便。遂从村侧北上岭，岭东坳中，涧水泻大石崖而下，悬帘泄布，亦此中所仅见。一里，逾坳上，一里半，复溯流北行坞中，一里半，又逾岭而下，有溪自西而东，问之，犹东出章桥者也。渡溪，又有一溪自北来入。溯溪北行峡中，二里为大竹峒，居民数家，水自西来，想亦黄茅岭下之余波也。由大竹峒东逾大竹岭，岭为大竹山南下之脊，是为分水，东由吴溪出郴，西由章桥入宜。上少下多。东向直下二里，是为吴溪。居民数家，散处甚敞，前章桥流贼所从而西者也。村东一里，有桥跨溪上，度桥北，上小分岭，亦上少下多。二里，下至仙人场，有水颇大，北自山峒透峡而东，一峰当关扼之，水激石奋。水折而南，峰剖其西，若平削而下者，以为下必有洞壑可憩；及抵崖下，乃绝流而渡，则寂无人烟。乃北逾一冈，二里为歪里。先为廖氏，居人颇盛，有小水自北南去。乃从其村东上平岭，北行一里，其西坞中为王氏，室庐甚整。询之土人，昨流贼自章桥北小径，止于村西大山丛木中，经宿而去，想亦有所阚而不敢动也。从此东北出山坳，石道修整，十二里而抵良田。自歪里雨作，至此愈甚，乃炊饭索饮于肆中。良田居市甚众，乃中道一大聚落，二月间，流寇三四百人亦群而过焉。饭后，雨不尽，止北十里，宿于万岁桥。按《志》，郴南有灵寿山，山有灵寿木，昔名万岁，故山下水名千秋。今有小万岁、大万岁二溪，俱有桥架其上，水俱自西而东。余以灵寿山必有胜可寻，及遍询土人，俱无可征，唯二流之易『千秋』存『万岁』耳。

初十日 雨虽止而泞甚。自万岁桥北行十里，为新桥铺，有路自东南来合。想桂阳县之支道也。又北十里为郴州之南关。郴水东自山峡，曲至城东南隅，折而北径城之东关外，则苏仙桥横亘其上。九洞，甚宏整。至是雨复大作，余不暇入城，姑饭于溪上肆中，乃持盖为苏仙之游。随郴溪西岸行，一里，度苏仙桥，随郴溪东岸行，东北二里，溪折西北去，乃由水经东上山。入山即有穹碑，书『天下第十八福地』。由此半里，即为乳仙宫。丛桂荫门，清流界道，有僧乘宗出迎客。余以足袜淋漓，恐污宫内，欲乘势先登山顶，与僧为明日期。僧以茶笋出饷，且曰：『白鹿洞即在宫后，可先一探。』余急从之。由宫左至宫后，则新室三楹，掩门未启。即排以入，石洞正当楹后，崖高数丈，为楹掩，俱不可见，洞门高丈六，止从楹上透光入洞耳。洞东向，皆青石迸裂，二丈之内，即成峡而入，已转东向，渐洼伏黑隘，无容匍伏矣。成峡处其西石崖倒垂，不及地者尺五，有嵌裂透漏之状。正德五年，锡邑秦太保金时，以巡抚征龚福全，勒石于上。又西有一隙，侧身而进，已转南下，穿穴匍伏出岩前，则明窦也。复从楹内进洞少憩，仍至前宫别乘宗，由宫内右登岭，冒雨北上一里，即为中观。观门甚雅，中有书室，花竹翛然，乃王氏者，亦以足污未入。由观右登岭，冒雨东北上一里半，遂造其顶。有大路由东向迓入者，乃前门正道；有小路北上沉香石、飞升亭，为殿后路。余从小径上，带湿谒苏仙，僧俗谒仙者数十人，喧处于中，余向火炙衣，自适其适，不暇他问也。郴州为九仙二佛之地，若成武丁之骡冈在西城外，刘瞻之刘仙岭在东城外，佛则无量，智俨廖师也，俱不及苏仙，故不暇及之。

十一日 与众旅饭后，乃独游殿外虚堂。堂三楹，上有诗扁环列，中有额，名不雅驯，不暇记也。其堂址高，前列楼环之，正与之等。楼亦轩敞，但未施丹垩，已就欹裂，其外即为前门，殿后有寝宫玉皇阁，其下即飞升亭矣。是早微雨，至是微雨犹零，仍持盖下山。过中观，入谒仙，觅僧遍如，不在。入王氏书室，折蔷薇一枝，下至乳源宫，供仙案间。乘宗仍留茶点，且以仙桃石馈余，余无以酬，唯劝其为吴游，冀他日备云水一供耳。宫中有天启初邑人袁子训雷州二守。碑，言苏仙事甚详。言仙之母便县人，便即今永兴。有浣于溪，有苔成团绕足者再四，感而成孕，生仙于汉惠帝五年五月十五。母弃之后洞中，即白鹿洞。明日往视，则白鹤覆之，白鹿乳之，异而收归。长就学，师欲命名而不知其姓，令出观所遇，遇担禾者以草贯鱼而过，遂以苏为姓，而名之曰耽。尝同诸儿牧牛羊，不突不扰，因各群界之，无乱群者，诸儿又称为牛师。事母至孝，母病思鱼脍，仙往觅脍，不宿而至。母食之喜，问所从得，曰：『便。』便去所居远，非两日不能返，母以为欺。曰：『市脍时舅氏在旁，且询知母恙，不日且至，可验。』舅至，母始异之。后白日奉上帝命，随仙官上升于文帝三年七月十五日。母言：『儿去，吾何以养？』乃留一柜，封识甚固，曰：『凡所需，扣柜可得。第必不可开。』指庭间橘及井曰：『此中将大疫，以橘叶及井水愈之。』后果大验。郡人益灵异之，欲开柜一视，母从之，有只鹤冲去，此后扣柜不灵矣。母逾百岁，既卒，乡人仿佛见仙在岭哀号不已。郡守张邈往送葬，求一见仙容，为示半面，光彩射人。又垂空出只手，绿毛巨掌，见者大异。自后灵异甚多，俱不暇览。第所谓『沉香石』者，一石突山头，予初疑其无谓，而镌字甚古，字外有履迹痕，则仙人上升遗迹也。所谓『仙桃石』者，石小如桃形，在浅土中，可锄而得之，峰顶及乳仙洞俱有，磨而服之，可已心疾，亦橘井之遗意也。传文甚长，略识一二，以征本末云。还过苏仙桥，从溪上觅便舟，舟过午始发，乃过南关，入州前，复西过行台前，仍出南关。盖南关外有十字口，市肆颇盛，而城中甚寥寂。城不大，而墙亦不甚高。郴之水自东南北绕，其山则折岭横其南而不高，而高者皆非过龙之脊。

午后，下小舟，东北由苏仙桥下，顺流西北去，六十里达郴口。时暮色已上，而雨复至，恐此北晚无便舟，而所附舟连夜往程口，遂随之行。郴口则郴江自东南，耒水自正东，二水合而势始大。［耒水出桂阳县南五里耒山下，西北至兴宁县，胜小舟；又三十里至东江市，胜大舟；又五十里乃至此。］江口诸峰，俱石崖盘立，寸土无丽。《志》称有曹王寨，山极险峻，暮不及登，亦无路登也。舟人夜鼓棹，三十里，抵黄泥铺，雨至而泊。余从篷底窥之，外若桥门，［心异，］因起视，则一大石室下也。宽若数间屋，下汇为潭，外覆若环桥，四舟俱泊其内。岩外雨声潺潺，四鼓乃止。雨止而行，昧爽达程口矣。乃登涯。

十二日 晨炊于程口肆中。程口者，《志》所称程乡水也，其地属兴宁，其水发源茶陵、酃县界。舟溯流入，皆兴宁西境。十五里为郴江，又进有中远山，又名钟源。为无量佛现生地，土人夸为名山。又进，则小舟尚可溯流三日程，逾高脚岭则茶陵道矣。若兴宁县治，则自东江市而上三十里乃至也。程乡水西入郴江，其处煤炭大舟鳞次，以水浅尚不能发。上午，得小煤船，遂附之行。程口西北，重岩若剖，夹立江之两涯，俱纯石盘亘，倏左倏右，［色间赭黑，］环转一如武夷。所附舟敝甚而无炊具，余揽山水之胜，过午不觉其馁。又二十里，过永兴县。县在江北，南临江岸，以岸为城，舟过速不及停。已而得一小舟，遂易之，就炊其间。饭毕，已十五里，为观音岩。岩在江北岸，西南下瞰江中，有石崖腾空，上覆下裂，直滨江流。初倚其足，叠阁两层，阁前有洞临流，中容数人。由阁右悬梯直上，袅空挂，上接崖顶，透隙而上，覆顶之下，中嵌一龛，观世音像在焉。岩下江心，又有石狮横卧中流，昂首向岩，种种绝异。下舟又五里，有大溪自南来注，是为森口。［乃桂阳州龙渡以东诸水，东合白豹水，至此入耒江。］又北五里，泊于柳州滩，借邻舟拖楼以宿。是晚素魄独莹，为三月所无，而江流山色，树影墟灯，远近映合，苏东坡承天寺夜景不是过也。永兴以北，山始无回崖突石之观，第夹江逶迤耳。

十三日 平明过舟，行六十五里，过上堡市。有山在江之南，岭上多翻砂转石，是为出锡之所。山下有市，煎炼成块，以发客焉。其地已属耒阳，盖永兴、耒阳两邑之中道也。已过江之北，登直钓岩。岩前有真武殿、观音阁，东向迎江。而洞门瞰江南向，当门石柱中垂，界为二门，若连环然。其内空阔平整。其右隅裂一窍，历磴而上，别为邃室。其左隅由大洞深入，石窍忽盘空而起，东进一隙，斜透天光；其内又盘空而起，若万石之钟，透顶直上，天光一围，圆若明镜，下堕其中，仰而望之，直是井底观天也。是日风水俱利，下午又九十里，抵耒阳县南关。耒水经耒阳城东直北而去，群山至此尽开，绕江者唯残冈断陇而已。耒阳虽有城，而居市荒寂，衙廨颓陋。由南门入，经县前，至东门登城，落日荒城，无堪极目。下城，出小东门，循城外江流，南至南关入舟。是夜，色尤皎，假火贾舡中舱宿焉。

——《徐霞客游记校注》之《楚游日记》（云南人民出版社 1985 年版）

【清】田元恺

田元恺（生卒年不详），字卧山，绥德州（今陕西绥德）人。清顺治八年（1651）拔贡，康熙年间任桂阳知州，以廉明著称，著有《楚客吟》。康熙初年，桂阳州赋役繁重，商贾未通，州民困苦，滩丁尤甚，田氏怜民之苦，作诗记之。

滩丁歌

滟滪瞿塘称险阻，十八之滩差并武。夺涛澎湃吼虬龙，积石纵横眠怒虎。逆挽扁舟如上天，顺流鼓枻迅于弩。行人至此转心寒，歃血荒祠拜大禹。滩水嵚巇众所知，滩丁终窭不堪睹。数椽茅屋倚危崖，硗瘠何曾有尺土。男不耰锄女不缫，黄童白叟惟牵艣。因谙水势送行船，赢得余粮才入釜。我至观风一泊帆，挥毫拟作滩丁谱。吁嗟世路已如斯，更念民生殊疾苦。谁为临摹入郑图，轻徭减赋贻安堵。

——《[康熙]桂阳州志》卷十一（清康熙刻本）

【清】董之辅

董之辅（生卒年不详），字敉庵，义州（今辽宁义县）人。清康熙二十年（1681）知桂阳州。

康熙州志序

志与史同乎？曰：『不同。』史者，纪一代之制度、典章、善恶、得失；志者，志一隅之封域、赋税、人物、风俗，体不同也。史者，别代分世，年为经，而事纬之；志者，殊纲别目，事为经，而年纬之，例不同也。然读志者，察封域之沿革，稽赋税之轻重，而其时之制度、典章可知；览人物之盛衰，究风俗之正淫，而其时之善恶、得失可知。至于沿革轻重之异，盛衰正淫之分，俱各系以年代，则又志与史相表里也。况操觚者，观立言之大小，可以知其才；烛理之远近，可以知其识；属辞之工拙，可以知其学。故以今日而言志，非得能史事者任之不可。

予辛酉承乏桂郡。桂，楚之徼也，风尚民情，与中土略殊。予临之，如骖始御，未知罄控纵送之宜也；如弦初理，未知缓急张弛之用也。亟索州乘而观之。绅庶佥曰：『州乘自万历癸巳修于郭侯盘，洎今九十载矣，遗编仅存，漶漫不可卒读。今幸贤父母之以文治治我也，盍续修之！』予唯唯未遑也。

壬戌夏，谋于学博万君、孝廉吴为相、明经何其高，乃设局受事。越五月告成。取而阅之，凡封域之广隘，营建之废兴，赋役之烦简，学校之迁复，武备之张弛，及夫风土之为醇为漓，秩官之为贤为否，人材之为伪为正，艺文之为雅为俚，上下古今，开卷了如。谓史氏之嚆矢也可，谓吏治之龟鉴也亦可，然予犹有说焉，始吾之与诸君约也，峻其防不欲其滥，昭其辨不欲其诬，于人物、列女、艺文去取綦严，而秉笔者幸谅予心，勒成信书，可告无罪于州人矣。顾人情难餍，保无有起而议其后者乎。昔《史记》苏辙尚讥其陋，《后汉书》袁宏欲剪其秽。若避谤求全，将终无成书之日，夫何惜焉。至于才识学三者，后之君子当能辨之，予敢阿所好哉。同编撰者，有罗彦、徐佐、汪广、刘大铉，得并书。

——《〔同治〕桂阳直隶州志》卷二十四（清同治七年刻本）

【清】范廷谋

范廷谋（生卒年不详），鄞县（今浙江鄞州）人。清贡生，清康熙四十九年（1710）任郴州知州。

郴州改建学宫记

古者为政，教养兼举，养以井田，教以学校。今井田既不可复，而学校犹仍夫古。第其法去古已远。胜代以来，择士之贤者而廪之于学宫，其余无不肄业于学舍。虽所习亦不过应试之具，而其为学以淹博相尚，其行己以廉洁自持，则犹有可观，非徒卑卑呫哔为也。

岁庚寅，余守郴。谒庙，见夫地处湫隘，规模狭小，势就倾颓，朽蠹日甚，惄然思有以更之。适诸生曾源湖、何禅等，以改建学宫请。生之言曰：『郴州先师庙，自宋乾道四年建于城西之义帝祠前，历宋元明，废兴不一，未之有改。而其时，代有伟人膺科第者踵相接也。康熙癸亥，前守陈公迁于州治之西，三十年中，科名寥落，厥维建非其地之故。或者改迁旧址，庶几其振兴乎。』余曰：『是未可以轻举也。学必有其具，而后可以有为；事必有其资，而后可以渐理。且子何必泥于堪舆家言乎？狭小之制非所以尊圣人也，倾颓之势非所以隆俎豆也。余固不惜捐俸以为倡，诸生果踊跃急公而不累吾民否耶？』诸生咸曰：『唯，唯。』于是详之上宪，相度旧址而平之。经始于乙未之春，越次年丁酉，正殿庑门及诸祠俱次第落成。秋，迎先圣入庙。是年十月，明伦堂工亦告竣。计公私费一千八百五十余金，而人不以为侈；其良材坚甓工师匠氏之力极其况瘁，而人不以为劳；阅时三载，而人不以为久。不累一民也，不扰一里也，而昔之湫隘者今爽垲矣，昔之狭小者今视旧制加增而瑰宏壮丽矣，昔之栋将折榱将崩者，今则如翚斯飞、如鸟斯革矣。曰：『是真可以尊圣人而隆俎豆矣。』

学成，召诸生而告之曰：『余向者不即应子请，而必俟从容者，诚以天下事必无无其具而可以有为者也，是即所以为学之道也。圣人之道炳如日星，诸生苟仰止而景行之，则道明德立，即可为公辅。孝弟力田，遂以成风俗。仰副盛朝崇儒重道之化，使当世知郴虽僻壤，即文物之邦不是过焉，彼科第特其绪余耳，又何必沾沾于庠序之形胜，以自懈其修为乎。诸生其亦因学之既新，而日新其所学焉，斯可矣。』诸生咸曰：『唯，唯。』请叙所言，而勒石以垂永久。是役也，董其事者学正蔡君来仪、训导郑君润章。而诸生曾源湖、欧传易、李元复、谢高迁、何禅、黄诜祝、何惟新、田玉琳，礼生邓治兖、吏员何惟文、礼房典吏李世任等，实有劳焉，皆例得附书于是乎记。

——《[嘉庆]郴州总志》卷三十五（清嘉庆二十五年刻本）

【清】蔡来仪

蔡来仪（生卒年不详），字邵征，湖南攸县人。举人。清康熙四十九年（1710）任郴州学正。

游万华岩记

郴踞楚南之巅，诸山蜂屯蚁聚，极为奥僻矣。万华岩从巨壑特辟圆洞，如大甕斜覆，若神工琢削而成者。盖诸山屯聚，而钟此奇秀之区也。岩右清泉滢彻，深三四尺，横二丈余，水底碧沙涌沸，俨如水晶盘照人须鬓，辉映襟带。鲂鲤跃于水面，如在盘里行，游人至，辄逝去。石窦水珠滴沥，又如倾雨点于盘，日夜毵毵弗断也。岩左坦坡可坐三百人。石柱擎出，高可一丈，阔四、五围，撑于岩顶，石田十数段，塍界分明，上则大石崱屴，内深而黑，水沫喷出，溅衣履尽湿。举石击之，噌吰作洪钟声，而响应远谷矣。仰而上视，多宝马碧鸡之形。其他如珊瑚，如琅玕，倒悬石间，未可弹指数也。沿洞以入，土人背负渡水。有高石横阑，攀石而递蹑焉。循仄径行数武，渐昏暗难进。爰爇萧草，执烛笼，始见小渚。依渚以行，越一里许，火光上灼，万状具列如前洞，亦不可以手掬也。俄而，石尖特拔，水势歘崩，若运数斗雪掷下，闪耀白光，声似辊雷，同侪之语言皆莫之辨焉。

火几息，惧迷失归路，乃返。仍藉方裀坐坦坡。客携酒至，酣饮数尊，而日影西斜，岩门圆如月轮，披襟危坐，恍然月中人也。噫！造物流形，宇宙有是奇秀者哉！是奇秀之区，非予之所独得也。岩之顶侧曾揭『万华岩』三字，久而石勒苔封，微见其痕，夫岩虚敞若此，亦好游者兴致勃发，不惮险巇，设梯上升，落笔大书。盖心赏其奇秀而慷慨唏嘘，不欲零落于荒烟野蔓，湮灭而无闻耳。大书者何人？相传为南轩张敬夫也。

——《［嘉庆］郴州总志》卷三十五（清嘉庆二十五年刻本）

【清】张九镡

张九镡（1719—1799），字竹南，号蓉湖，湖南湘潭人。清乾隆二十一年（1756）任郴州州学训导，乾隆四十三年（1778）中进士，官翰林院编修。

郴州（选四首）

一

汉朝灵橘井泉香，白鹤城东认故乡。赚得少陵诗句好，仙山惆怅为清凉。

二

眼穿林罅接城闉，义帝坟头草不春。回首丹阳齐下泪，楚人终古重君臣。

三

浓阴古树占高原，鼓乐花香曙色喧。乞雨庙前寻故事，越巫先降女郎魂。

四

五盖连云八角斜，层阴作翠散千家。风流学道张公子，石壁题诗到万华。

义帝祠歌

南公伤心武关客，三户人烟悲欲咽。阿孙亦号楚怀王，居巢老人定奇策。牧羊立后原无功，卿子冠军非英雄。渡河九战钜鹿震，入关一炬咸阳红。将军自王等闲耳，徙帝上游嗟已矣。谁令击杀临江中，缟素翻怜汉天子。由来反掌成儿嬉，君家世将宁如此。杖船下马呼天亡，咫尺江东非故乡。亡秦必楚楚事毕，岭云郢树同苍凉。君不见郴州城西一抔土，碧血斑烂雪花舞。寒销白虎墓门空，更听明年啼杜宇。

——《[嘉庆]郴州总志》卷三十七（清嘉庆二十五年刻本）

【清】纪昀

纪昀（1724—1805），字晓岚，别字春帆，号石云，道号观弈道人、孤石老人，清直隶献县（今河北献县）人。乾隆十九年（1754）进士，官至礼部尚书、协办大学士、太子少保。任四库全书馆总纂官，主持编修《四库全书》，著有《阅微草堂笔记》。纪昀年少时，随亲南来临武。

赋沙即景兼美主人

赋沙轩上景星罗，却费骚吟品鹭多。映雪高人能有几？凌云才子竟如何。墨池书带留千载，武水韩亭绕一阿。日照西山窗外岭，斜装挂榜凤前坡。

——《〔同治〕临武县志》卷四十一（清同治六年刻本）

【清】魏源

魏源（1794—1857），名远达，字默深、墨生、汉士，号良图，湖南邵阳人。清代启蒙思想家、政治家、文学家。著《海国图志》，影响深远，近代中国『睁眼看世界』的首批知识分子的代表。与郴州何庆元、陈起诗、李克钿等友好，且与陈起诗结为亲家，故多有诗词唱和。

长沙别何积之三首（其一）

春色天上来，烂然照夭桃。各乘雨露力，讵不一时豪？与君当此时，胡但闻松涛？我有八表志，排云恣神尻。友松故山侧，友子湘江皋。愿子为松贞，不愿为松高。松高生暮寒，虽荣亦萧萧。

别陈筠心二首（其一）

君怀有九秋，气爽寻步外。闭门三日别，尘思辄堪噫。缅唯大雅寂，韶钧绝硼磕。琴心既不存，操缦复安会。乘弦哑不施，琵琶笙竽籁。安得古心人，高举出尘盖。独斟古淡味，凌霄挹沆瀣。志高竟何成，纵成亦何赖。

鸾翮有逸姿，姑谢樊笼锻。

——《古微堂诗集》卷一（《魏源全集》岳麓书社2011年版）

撼山草堂遗稿序

松心仁兄亲家左右，秋垣世兄来高邮，奉到手言并大集四本。快读数日，茅塞顿开。子由造就，已过子瞻。而五言古诗，高古处直逼汉魏，本朝实在三数人间。已录其所爱者为一册，存之案头，以当晤对。其原集交世兄携还，以防散佚。

弟近亦收拾文集，惜道远不能就正。今有所欲言者，窃谓诗集宜分体，不必编年。三百篇其大例也，况山林闲适非如杜、韩、苏诸公，出处关系史事，何必各体杂陈，徒迷读者之目。且集中精华，全在五古，故选以冠首。诗以言志，取达性情为上。拟古太多，则蹈明七子习气。古人如陶、阮、陈、杜皆抒胸臆，独有千古。太白、青田乐府，一时借古题以述时事。东坡和陶，借古韵以寄性情，字字皆自己之诗，与明七子优孟学语有天渊之别。此诗家真伪关，不可滥借。集中拟古、次古韵诸题，美者固多，终恐掩瑜之累，窃望删之。又集中咏怀诗多，山水诗少，离别诗多，关系诗少。蜀山之高，沧海之阔，以至桂林阳朔奇秀甲天下，一叶扁舟溯洄其间，何患清妙之气不勃勃腕下？又如乡俗之淳漓，年荒、钱荒之得失，近来楚粤兵事之琐尾，作歌志哀，以备采风，何患律诗不与杜陵媲美！昔人『时非天宝，位非拾遗』之诮，谓泛论朝政，出位言高，非谓家乡，切虑民风谣俗，亦在所禁。试问国风采自何人耶？近年想有感时之作，无妨附入。尊兄云翁诗选入《沅湘集》者，将赠弟之作一《湘潭次白马王彪韵》，一《次谢惠连韵》，皆删去。云翁诗甚少，又无耑集，望将此二诗附刻于尊集次兄韵之下，则两全其美矣。

廿载至交，千里一纸，不敢以寒暄套语塞责。谨以代晤，唯察而教之是幸。

姻愚弟魏源顿首。

——陈起书《撼山草堂遗稿》卷首序三（清同治五年刻本）

【清】罗泽南

罗泽南（1807—1856），字仲岳，号罗山，一字培源，号悔泉，又字子畏，湖南湘乡湾州（今属双峰）人。晚清湘军将领、理学家、文学家。

重修叉鱼亭记

癸丑岁暮，余与李子续宾平永兴土寇，驻师郴州。过城北叉鱼池，乃唐昌黎伯韩公贬谪阳山令，量移而北，待命郴州，招张员外叉鱼处。道光间，州牧曾公钰构亭其上，为堂三楹以祀公。驻马视之，栏槲门棂，无一存者。询之土人，知去秋为粤寇所毁，兵燹之余，荒凉满目，因偕李君出金修之，以复其旧。

公之贬阳山也，或以为论宫市，或以为论关中为天下根本，小人媒孽其短，郁郁适兹土。后之人莫不为公悲。余谓天下之祸乱，忧之者君子，酿之者小人，君子思患预防，苟有谋猷，入告我后。小人则从而排之挤之，使不得竟其说，诪张为幻，变乱是非而不顾。公有唐一代伟人，骨鲠之性，死生弗渝。使当日用其言，公之所欲建白朝廷，为天下生民计者，必尽形诸奏牍，以制治未乱。讥谗频加，待罪万里，匪惟公之志沮，天下忠荩之士，莫不为之结舌。朝野大政堕坏，冥冥之中，遂有不可胜计者。唐之末造，黄巢以一匹夫倡乱海澨，度岭表，下潭洲，涂炭中原，祸延关中。李唐之祚，不绝如缕，是非一朝一夕之故，其所由来者渐矣。由是观之，小人之为害君子者浅，流祸天下者大。抚今追昔，有不胜为之太息痛恨者也。公待命郴州，不过偶尔驻迹耳，而其叉鱼，亦一时遣兴之所为，无足异。千载而下，犹从而台榭之，歌咏之，萋兮菲兮，成是贝锦，究何损于君子之大也哉？

余方巡师永桂，不及待其工之竣，董是役者，湘乡李子、萧子，郴州曾子纪龙也，咸丰三年癸丑除日记。

——《罗山遗集》卷五（清刻本）

【清】郭嵩焘

郭嵩焘（1818—1891），字筠仙，号云仙、筠轩，湖南湘阴人。湘军创建者之一，中国首位驻外使节，清末著名外交家。

桂阳道中寄萧石渠师三首（其一）

一片孤云去鸟迟，几年杯酒日斜时。剧谈多少听忘倦，多病浮沉鬓已丝。桂水郴山今夕梦，雨帘风柝晚春诗。著书岁月真长计，付与声名涧壑期。

——《养知书屋集》卷五（清光绪十八年刻本）

【清】王闿运

王闿运（1833—1916），字壬秋，号湘绮，世称湘绮先生，湖南湘潭人。晚清经学家、文学家。曾应聘撰《［同治］桂阳直隶州志》，史学界誉为『天下佳志』。著有《湘绮楼诗文集》。

登龙渡峰

凉风吹曾阜，碧草盖秋山。陂陀引松桂，阡径转岩泉。云行入冥霭，杖策遂攀缘。重峤传楚牒，鸟路度骑田。灵嬴静湫穴，文豹隐雾峦。修阪秀孤石，百代阙雕镌。从来选胜客，自取经过便。凉非圣仙迹，荒外莫与传。矧兹作阻镇，起伏傲中原。虞秦事俄顷，岸谷了未迁。此山天地内，斯游在其间。图经岂为寿，旷寄聊可宣。归途载余兴，晚色霁平烟。不辞巾屦湿，但惜尘骑喧。飘飖神犹王，澄寂物愈鲜。寄言赏心侣，知余辟榛菅。

——《［同治］桂阳直隶州志》卷二十七（清同治七年刻本）

按：龙渡峰在今桂阳县境内。

【清】杨恩寿

杨恩寿（1835—1891），字鹤俦，名坦园，号蓬海，别署蓬道人，湖南长沙人。晚清著名诗人、戏曲家及戏曲理论家。著有《坦园日记》二卷。

过永兴金狮岩

百尺危梯宛转通，山门吹出彩幡风。点头未必无顽石，弹指于今现梵宫。终古呗音长寂寂，穷年过客太匆匆。抗尘为底忙如许，悟彻宵钟一杵中。

舟逆行便江（四首）

一

江流如带极天斜，峭壁危岩两岸遮。篷底忽闻鸡报午，松林深处有人家。

二

一舟缓缓上危滩，此际应歌《行路难》。试看青青山上竹，任他风雨总平安。

三

船因上濑慎风波，一日刚行数里多。苦羡来舟疾如鸟，篙师闲坐唱渔歌。

四

罗罗白石布江浔，如镜清波翳不侵。十丈水深犹澈底，对他如见故人心。

为魏松亭题《松溪仙馆图》

郴山嵂崒连衡峰，苏耽而后多仙踪。来鹤楼边耸晴翠，古风吹入千年松。此邦在汉为便县，山川奇辟矜创见。扶舆磅礴不可名，一日烟云有万变。苏仙岭畔尤珑玲，山有居人户半扃。片云低绕阶石白，长松高插遥天青。频年尘辙苦难驻，把茅拟向此间住。诗心互与仙乞灵，酒杯不放月飞去。不知此愿何时偿，昼长展画细评量。虚堂恍惚松风起，陡觉潇潇六月凉。

重游郴州杂感

作客古敦州，飞鸿爪印留。只身千里路，一岁两番游。失意怜黄鹄，闲情羡白鸥。饥驱远行役，重为赋登楼。

——《坦园日记》卷一（上海古籍出版社 1983 年版）

瓦市道中

百里郴江路，舟行湾复湾。愁多吟更苦，酒急梦偏闲。天暗风兼雨，滩高水在山。远看丛莽里，城郭有无间。

游橘井观

一井香泉碧，千年秋橘黄。神仙多孝子，药石起膏肓。斯世苦疮痏，何人解秘方。愿将功德水，流泽遍遐荒。

郴州客感

游踪历历未模糊，俯仰江山愧故吾。义帝陵荒秋草瘦，苏仙祠圮坏云扶。市增米价知人满，天减寒威悯客孤。

千里乡心何处寄，潇蒸东去水声粗。

——《坦园日记》卷二（上海古籍出版社 1983 年版）

【清】金蓉镜

金蓉镜（1855—1929），又名金殿丞，金伯子，字学范，号殿臣，又作甸丞，晚号香严居士，秀水（今浙江嘉兴）人。诗文渊雅，画尤誉盛，为清末著名画家。清光绪十五年（1889）进士。光绪三十一年（1905）七月至三十二年（1906）闰四月，任郴州知州，著有《郴游录》一卷。

别郴州士绅（四首）

误作使君三百日，今朝换印始辞州。恍如曲赦囚离系，喜极生还鸟脱篝。陷浦停波澄日夜，边云绕戍阅春秋。临行一事增惆怅，虚说循良苦未酬。

官途变例且随缘，祖帐深情喜欲颠。座上渊云皆祭酒，山中黄绮亦富筵。传芭楚舞声犹壮，擫笛吴歈曲最妍。此乐无多难举似，颐和园里太平年。

声名官职意何如，眼障年来渐扫除。可老一州呼刺史，当春三月识栟榈。阚君作令无余爱，张叟居郴只著书。比并古人聊自适，不妨生计太粗疏。

未得无情山水乡，郴阳佳胜最难忘。叉鱼结榭连波阔，仙鸟随云过岭忙。减却腰围还腊屐，恼他丝发是垂杨。幸无片石装归櫂，付与州民说短长。

种橘篇

种橘在陂泽，暄媚得繁枝。远为包贡期，近亦服食宜。馨嗅出几席，拂濯随阶墀。窃比鹫族祥，匪敢为己私。北风正凄厉，地势有转移。逾淮俄成枳，物性难久持。出门何顾望，乃得荆棘姿。文禽惜羽翮，恶鸟巢雄雌。枝条日以引，滋蔓嗟已迟。挚友为我规，不慎将谁疵。古有道义合，今乃声利资。树棘古所戒，匪独今人嗤。本非高原植，螫吻宁可訾。既悟勿用悔，陶叟有微辞。

——金蓉镜《郴游录》卷一（清光绪三十二年铅印本）

十一画

十二画

十三画

十四画

十六画

十七画

八画

九画

十画

著者笔画索引

十七画

二十一画

二十四画

十三画

十四画

十五画

十六画

十一画

十二画

十画

九画

七画

八画

五画

六画

书（篇）名笔画索引